Weekends für Geniesser

Alle Rechte vorbehalten, einschliesslich derjenigen des
auszugsweisen Abdrucks und der elektronischen Wiedergabe.

© 2011 Werd Verlag AG, Zürich
4., aktualisierte Auflage
Idee, Konzept und Text: Gabrielle Attinger
Gestaltung: Barbara Willi-Halter, Zürich
Satz und Umbruch: Pfeiffer Digital Publishing, Zürich
Druck: Bodan AG Druckerei und Verlag, Kreuzlingen

ISBN 978-3-85932-664-4

www.werdverlag.ch

Gabrielle Attinger

Weekends für Geniesser
20 Tipps für die kleinen Ferien in der Schweiz

mit Langschläfer- und Schlechtwetterprogramm

INHALT

Vorwort 7

BÜNDNERLAND UND ENGADIN

Tipp 1 Muottas Muragl **Kulinarische Hochgenüsse und Engadiner Farbenzauber** 9
Beste Saison: Herbst

Tipp 2 Münstertal **Wintertraum ohne Pistenhektik** 17
Beste Saison: Winter

Tipp 3 Surselva **Sport und Genuss hoch fünf** 25
Beste Saisons: Frühling, Sommer, Herbst

OST- UND ZENTRALSCHWEIZ

Tipp 4 Bodensee-Triathlon **Bummeln, biken, skaten** 33
Beste Saisons: Frühling, Herbst

Tipp 5 Alpstein **Sterne zählen, fischen und ins Tal schweben** 43
Beste Saisons: Sommer, Herbst

Tipp 6 Glarnerland **Das sonnige Ende der Welt** 51
Beste Saisons: Sommer, Herbst

Tipp 7 Obwalden **Hier steht jeder im Mittelpunkt** 61
Beste Saisons: Frühling, Sommer, Herbst

NORDWESTSCHWEIZ

Tipp 8 Basel **37 auf 37 oder Kultur ohne Grenzen** 71
Beste Saisons: Frühling, Sommer, Herbst, Winter

Tipp 9 Zurzach **Aargauer Zeitreise durch mehr als 2000 Jahre** 79
Beste Saisons: Frühling, Sommer, Herbst

Tipp 10 Seetal **Kleine Welt der grossen Schlösser** 89
Beste Saisons: Frühling, Sommer, Herbst

INHALT

MITTELLAND

Tipp 11 Bern **Hauptstadt mit Lifestyle** 97
Beste Saisons: Frühling, Sommer, Herbst, Winter

Tipp 12 Biel/Bienne **Ein deutschfranzösisches Wintermärchen** 105
Beste Saison: Winter

Tipp 13 Emmental **Über sieben Brücken musst du gehn** 113
Beste Saisons: Frühling, Sommer, Herbst

Tipp 14 Simmental **Zwischen Sprudelbecken und Siebenbrunnen** 121
Beste Saisons: Sommer, Herbst

WESTSCHWEIZ UND WALLIS

Tipp 15 La Côte **Sinnesfreuden auf der Route du Vignoble** 129
Beste Saisons: Frühling, Sommer, Herbst, Winter

Tipp 16 Neuenburg **Das weite Land** 137
Beste Saisons: Frühling, Sommer, Herbst

Tipp 17 Saas Fee **Ein Ort der Superlative** 147
Beste Saisons: Frühling, Sommer, Herbst

Tipp 18 Verbier **Immer ein bisschen verrückter** 155
Beste Saisons: Sommer, Herbst

TESSIN

Tipp 19 Centovalli **Einfach luxuriös** 161
Beste Saisons: Frühling, Herbst

Tipp 20 Luganersee **Erholsame Grenzerfahrungen** 171
Beste Saisons: Frühling, Herbst

Bildnachweis 178

Für Meriel

Dieses Buch widme ich meiner Tochter Meriel, die das Wochenende am liebsten zu Hause verbringt, doch jeweils geduldig mitreiste und es meist auch ganz toll fand.

VORWORT

Weekendausflüge sind wie kurze Ferien – sofern die beiden Tage voll ausgekostet werden können. So wie kürzlich Samstag-Sonntag am Luganersee: Neben Planschen und Sonnenbaden lag nicht nur ein Ausflug nach bella Bellagio, sondern auch ein Grosseinkauf im Outlet Center drin. Oder im Berner Oberland: Unsere Wanderung nach Siebenbrunnen, der Quelle der Simme, krönte ein Besuch des nach ihr benannten «7 sources»-Spa, den wir bis weit in den Sonntagnachmittag hinein ausdehnten.

Wer allerdings ganz spontan verreist, findet oft nur mit Glück eine passende Unterkunft und verbringt dann die Hälfte der Zeit damit, sich orts- und sachkundig zu machen. Wenn die schönsten Routen, die sonnigsten Terrassen und das beste Spezialitätenrestaurant gefunden sind, ist das Wochenende um und man muss zurück, ohne die Höhepunkte der bereisten Region erlebt zu haben.

Mit dem vorliegenden Führer sind Sie diesen Stress los: Die 20 Tipps für die kurzen Ferien zwischendurch beschreiben nicht nur je eine schöne Unterkunft, die sich als Ausgangspunkt für diverse Aktivitäten anbietet. Der Führer liefert auch Hinweise auf die besten Touren in der Umgebung – seis mit dem Velo, mit Inlineskates oder zu Fuss –, und zwar in einer Auswahl, die sich ganz Ihrem individuellen Rhythmus und den momentanen Wetterbedingungen anpasst: Für jeden Tag gibts ein Ganztagesprogramm, eine Variante für Langschläfer und eine Schlechtwetteralternative.

Die Palette der Aktivitäten entspricht der Vielfältigkeit der besuchten Regionen – und meinen persönlichen Vorlieben: Sicher, wandern lässt es sich fast überall schön, aber wer öfter mal auf zwei oder vier Räder umsteigt oder gar auf einen Pferdesattel, sieht die Welt aus einer neuen Perspektive. Geniessen können Sie dabei allweil in vollen Zügen: seis in einem schönen Terrassenrestaurant bei lokalen Spezialitäten, seis im Dampf- und Sprudelbad eines Spa oder in einer Cave beim Degustieren. Denn der Titel des Führers ist Programm: Diese Weekendtipps sind für Geniesser gedacht.

Ich wünsche Ihnen viel Vergnügen beim Lesen und Nachreisen.

Gabrielle Attinger

BÜNDNERLAND UND ENGADIN

Muottas Muragl
Kulinarische Hochgenüsse und Engadiner Farbenzauber

Unterkunft Berghaus Muottas Muragl auf 2456 Meter über Meer oberhalb Samedan. 17 einfache Zimmer mit traumhafter Aussicht. Hervorragendes Restaurant.
Anreise Mit Bahn oder Auto nach Samedan. Von der Talstation Muottas Muragl mit der Standseilbahn zum Berghaus.
Ankunft Apéro im Strandkorb auf der Terrasse. Nachtessen im Panorama-Restaurant.

1. Tag Höhenwanderung vom Muottas Muragl über Segantini-Hütte nach Alp Languard und Piz Languard oder Paradieshütte. Rückkehr über Pontresina (2½ bis 4 Stunden).
Langschläfer Wanderung bis Segantini-Hütte und zurück oder bis Alp Languard.
Schlechtwetter Wellness-Tag im Kempinski Hotel des Bains.
Abendessen Bumanns Chesa Pirani in La Punt (18 Punkte Gault Millau, 2 Michelin-Sterne). Die letzte Bahn nach Muragl fährt um 23.00 Uhr.

2. Tag Biketour von Maloja nach Samedan.
Langschläfer Ausflug auf den Corvatsch, Besuch der Eisgrotte, Flying Fox und Airboard im Erlebnispark ausprobieren und im Panoramarestaurant die Aussicht geniessen.
Oder Wasserweg: Rundwanderung ab Bergstation Furtschellas an sechs Bergseen vorbei (2½ Stunden).
Schlechtwetter Besuch des Segantini-Museums mit dem Alpen-Triptychon.

Ein Strandkorb auf 2400 Meter über Meer

Im Pelzmantel samt passender Mütze steht Sophia Loren da, schön wie eh und je, und lässt sich vor dem spektakulären Panorama der Oberengadiner Seen ablichten. Die Aufnahme wurde für Schweiz Tourismus auf der Terrasse des Berghauses Muottas Muragl gemacht und erscheint regelmässig in Werbebroschüren. Nicht im Bild sind die Strandkörbe, die auf ebendieser Terrasse stehen – und das ist vielleicht besser so. Was die Wind- und Sichtschutzsessel von der Nordseeküste auf über 2400 Meter Höhe zu suchen haben, vermag wohl selbst der beste Tourismusspezialist nicht zwingend zu erklären. Doch den meisten Gästen, die hier herauffinden, gefällt die spezielle Inszenierung. Dem Bräutigam zum Beispiel, der sich in schwarzem Anzug und roter Fliege in einem der Körbe räkelt, derweil seine Braut im cremefarbenen Seidenkleid vor der Kamera posiert.

Dinieren im Berghaus

Das Berggasthaus Muottas Muragl ist auch in hochhackigen Schuhen erreichbar. Die Standseilbahn fährt fast bis auf die mit Platten belegte Terrasse. Das grosse rosarote Berghaus ist weit herum sichtbar und lockt Ausflügler von nah und fern herauf, die Rundsicht zu geniessen. Keine Frage: Muottas Muragl ist der schönste Aussichtspunkt des Engadins, wenn nicht gar ganz Graubündens. Die Oberengadiner Seen von St. Moritz, Silvaplana und Sils liegen einem als glit-

Seite 8: Herbststimmung im Oberengadin mit Silsersee und Silvaplanersee.
Unten: Das Panorama von der Terrasse des Muottas Muragl lässt sich auch in Flipflops geniessen.

BÜNDNERLAND UND ENGADIN TIPP **1**

Per Standseilbahn zu Gourmetfreuden: Tischreservation ist im Muottas Muragl fast so wichtig wie die Zimmerreservation.

zernde, in Gebirgswälder eingebettete Kette zu Füssen. Darüber funkeln die weissen Bergkuppen in der Sonne. Am eindrücklichsten ist die Sicht im Herbst, wenn die Lärchen glühen, das Gelb und Rot der Wälder mit dem ersten Schnee auf den Bergkuppen kontrastiert und über allem ein tiefblauer Himmel leuchtet.

Es gibt aber noch einen weiteren Grund, im Herbst hierher zu kommen. In der späten Jahreszeit, wenn die meisten Oberengadiner Gastbetriebe geschlossen sind, gehört einem diese wundervolle Gegend fast allein. Das Berghaus Muottas Muragl hat bis Ende Oktober geöffnet, der «Hauslift», die Standseilbahn, fährt selbstverständlich ebenso lange. 17 einfache Zimmer mit fliessendem Wasser im Zimmer und Duschen sowie WC auf der Etage bietet das Berghotel. Fast wichtiger noch als eine Zimmerreservation ist jedoch die Tischreservation. Hierher kommt man nämlich nicht nur der Aussicht wegen. Die Küche überzeugt ebenso wie das rustikale Interieur.

Auf den Spuren von Segantini und Permafrost

Die populärste Wanderung von Muottas Muragl führt zur 300 Meter höher gelegenen Segantini-Hütte auf dem Schafsberg. Die Route beweist einmal mehr, wie sehr es sich lohnt, auf den Spuren von Malern oder Literaten zu wandern. Der am Gardasee geborene Giovanni Segantini verbrachte während der letzten Jahre seines Lebens viel Zeit auf dem Schafsberg, hier starb er im September 1899, weil es damals weder die Rega noch das Mobil-

**Segantini-Hütte auf dem Schafsberg:
Von diesem Blick übers Oberengadin
schwärmen nicht nur Kunstmaler.**

telefon gab: Er erlag einer akuten Blinddarmentzündung. 1894 als damals schon weltberühmter Maler war Segantini von Savognin nach Maloja gezogen. Stets auf der Suche nach dem besten Licht und der absoluten Gebirgslandschaft, fand er sie hier, auf dem Schafsberg. «Ich neige mich vor dieser mit Schönheit gesegneten Erde», notierte er einmal. Wer sich umblickt, muss ihm Recht geben: Dies ist ein besonders schöner Flecken zum Leben und sicher einer der schönsten zum Sterben.

Von der Segantini-Hütte aus geht es sanft bergab zur Alp Languard. Manche Wanderer behaupten, man sähe auf diesem Weg besonders viele Murmeltiere. Andere sprechen vom Steinbockweg. Mit Sicherheit zu sehen sind die Tafeln mit Informationen zur Klimaerwärmung, da auf der Strecke Muottas Muragl–Alp Languard der erste europäische Klimawanderweg errichtet wurde. 15 über die Route verteilte Tafeln geben Aufschluss über das Klima, die in der Region sichtbaren Auswirkungen der Klimaveränderungen, die damit verbundenen Umweltgefahren und die Schutzmassnahmen dagegen. Unweit des Klimawegs sticht eine besonders markante Verbauung ins Auge, die die Aussagen auf den Tafeln zu bestätigen scheint: Als eine Art Pioniergemeinde ist Pontresina gegen den auftauenden Permafrost aktiv geworden und hat oberhalb des Dorfs einen gigantischen Schutzwall gegen Rüfen erstellt – eine bauliche Massnahme, die von grossen politischen Kontroversen begleitet wurde.

Themenwege sind ein bei Tourismusfachleuten beliebtes Inszenierungswerkzeug, von dem auch das Oberengadin nicht verschont bleibt. So gibt es in St. Moritz Heidis Flower Trail, den Schellenursli-Weg, aber auch die Clean Energy Tour. Letztere widmet sich dem jüngsten Grossprojekt von St. Moritz, der Förderung erneuerbarer Energie aus Wasser, Sonne, Wind und Gas. Das Entwicklungsprogramm ist ein Steckenpferd von Hanspeter Danuser, dem berühmten Kurvereinsdirektor, und wohl auch deshalb touristisch umgesetzt worden. Die Clean Energy Tour führt hoch hinauf auf den Piz Nair (3057 Meter über Meer). Dort lässt sich die mit Solarzellen verkleidete Südfassade der Bergstation bewundern. Zudem sieht man von dort die Windsolaranlage, deren momentane Leistung sich am Modell im Bergrestaurant ablesen lässt. Weitere Stationen der Tour sind der Ausblick von der Chantarella-Bahn auf die 162 Solarpanels entlang des Trassees der Corviglia-Bahn und die ARA Celerina, wo Biogas hergestellt wird.

Funsport auf 3000 Meter über Meer: Flying-Fox-Anlage im Erlebnispark Gletscher-World auf dem Corvatsch.

Es fährt ein Bus nach überall

Man mag von solchen Öko- und Werbemassnahmen halten, was man will. Tatsache ist, dass die Umweltpolitik von St. Moritz Früchte trägt, von denen gerade auch Weekendgäste profitieren: Auch abgelegene Orte des Oberengadins sind ins regionale Verkehrsnetz von Bus und Bahn integriert. Daher ist es möglich, sich ohne Auto quer und längs durch das Hochtal zu bewegen. Der Zwang zu Rundtouren entfällt, denn es gibt überall ein öffentliches Verkehrsmittel, das einen zum Ausgangsort zurückbringt. So fährt man etwa ohne Umsteigen mit dem Bus von Punt Muragl nach La Punt zum Gourmetrestaurant Chesa Pirani und kommt danach auch wieder zurück.

Solchen Verkehrskomfort gilt es zu nutzen. Zum Beispiel für einen Ausflug auf den Corvatsch. Der Dreitausender ist 2004 um den Erlebnispark Gletscherworld bereichert worden. Rund um die Bergstation sind Funsportanlagen wie Flying Fox und Airboard-Pisten angelegt. Erstere, früher als Tyrolienne bekannt, ist ein besonderes Publikumsmagnet: Während sich die Mutigen die Gurten anschirren lassen, um dann, an Seil und Rolle gesichert, durch die Luft zu schweben, bestaunen die weniger Mutigen von der Sonnenterrasse aus das vermeintlich waghalsige Treiben. Tatsächlich braucht lediglich der Sprung ins Leere etwas Mut, alles andere ist reine Mechanik.

Die Tyrolienne bringt einen bequem zur Airboard-Piste. Von dort gehts hinunter zur Eisgrotte, die tief unter den Gletscher führt. Der Abstieg ist nicht anstrengend, der Aufstieg hingegen schon. Die Luft ist auf dieser Höhe recht dünn, und auf dem Rückweg geht etlichen Ausflüglern beim Überwinden der letzten Meter zwischen Grotte und Bergstation die Puste aus. Sie japsen nach Luft und müssen sich am Treppengeländer förmlich hochziehen.

Licht, Farben und Silserkugeln

Oben auf der Aussichtsterrasse angekommen, belohnt einen aber einmal mehr ein fantastischer Blick auf die Oberengadiner Bergseen: Die Farben im Herbst sind einzigartig, und das Licht – ja, das Licht lässt sich nicht beschreiben, es sei denn mit dem Zitat eines Künstlers: «Ich habe noch nie so ein Licht gesehen wie hier oben: Es ist fantastisch!», jubelte Ferdinand Hodler. Und Friedrich Nietzsche hielt fest: «Hier scheint die Heimat aller silbernen Farbtöne der Natur zu sein.»

Wer die Schönheit der Landschaft auf etwas weniger trendy Weise geniessen will, dem sei eine Wanderung von der Bergstation Furtschellas aus empfohlen. Der Rundweg führt an sechs kleinen Bergseen vorbei, und auch von hier aus ist die Oberengadiner Seenkette stets zu sehen.

Das Weekend ist nicht komplett ohne eine Tour rund um einen dieser Seen, seis zu Fuss oder mit dem Mountainbike. Im Herbst drängt sich der Silsersee auf. Dabei lässt sich ein bekanntes, aber immer wieder überraschendes Naturphänomen beobachten: Wenn die Lärchen ihre Nadeln verlieren, werden sie vom Malojawind in den See geweht. Wind und Wellenschlag formen daraus grössere und kleinere Kugeln, die sich dann zum Entzücken der Ausflügler am Ufer ansammeln. Wer keine findet, kann sich in der Dorfkonditorei in Sils zum Trost ein Exemplar aus Schokolade kaufen.

Seite 15: Eine Landschaft wie gemacht für den Herbst: Silsersee mit Lärchenwald.

BÜNDNERLAND UND ENGADIN TIPP **1**

Was wo wie viel

Unterkunft Berghaus Muottas Muragl, Samedan. Tel. 081 842 82 32. info@muottasmuragl.ch 17 Zimmer, WC und Dusche auf der Etage, ab 160 CHF inklusive Frühstück. Ab 2 Nächten 150 CHF inklusive Frühstück und Gratisfahrten auf Bergbahn, Bahn und Bus. Geöffnet: Mitte Juni bis Ende Oktober und Mitte Dezember bis Mitte April. www.muottasmuragl.ch

Anreise Mit der Bahn bis Samedan und per Bus bis Talstation Muottas Muragl. Vereinzelte Kurse der Rhätischen Bahn nach Pontresina halten in Punt Muragl. Von der Talstation mit Standseilbahn direkt zum Berghaus. Samedan–Muottas Muragl: Retourbillet 27 CHF, Tageskarte im Winter 38 CHF, Hochsaison 41 CHF.

Wandern Wanderkarten sind erhältlich im Berghaus oder bei Engadin Ferien, St. Moritz, Tel. 081 830 00 01, info@engadinferien.ch www.engadinferien.ch

Fahrpläne der Bergbahnen sind erhältlich im Berghaus oder bei Bergbahnen Engadin, St. Moritz. Tel. 081 830 00 00. www.bergbahnenengadin.ch

Restaurant Bumanns Chesa Pirani, La Punt-Chamues-ch. Tel. 081 854 25 15, bumann@chesapirani.ch. In der Hochsaison täglich geöffnet, in der Nebensaison Sonntag und Montag geschlossen. www.chesapirani.ch

Wellness Kempinski Grand Hotel Des Bains, Via Mezdi 27, St. Moritz. Tel. 081 838 38 38, reservations.grandhoteldesbains@kempinski.com Day-Spa 75 CHF, in Kombination mit Massage 45 CHF. www.kempinski.com/de/stmoritz

Museum Segantini-Museum, Via Somplaz 30, St. Moritz. Tel. 081 833 44 54. Geöffnet Dienstag bis Sonntag 10–12 und 15–18 Uhr. Eintritt 10 CHF. www.segantini-museum.ch

Münstertal
Wintertraum ohne Pistenhektik

Unterkunft Hotel Chasa Chalavaina in Müstair. Über 1000-jähriges Haus, mit einfachen, aber sehr schön eingerichteten Zimmern ohne Schnickschnack. Sehr persönlicher Umgang der Gastgeber mit den Gästen. Einfache Küche.

Anreise Mit Bahn bis Zernez, von dort mit dem Bus durch die beeindruckende Landschaft des Nationalparks, via Ofenpass (2149 Meter über Meer) ins Val Müstair/Münstertal (Reisezeit ab Zürich 4$^1/_2$ Stunden).

Ankunft Spätes Essen in der Chasa Chalavaina.

1. Tag **Wanderung** durch das Münstertal von Lü bis Müstair oder von Tschierv bis Müstair (4$^1/_2$ Stunden, 16 Kilometer, Höhendifferenz: Aufstieg 100 Meter, Abstieg 750 Meter). Mittagsrast in einem der Dörfer.

Langschläfer Bummel durch die malerischen Städtchen Glurns und Schluderns im nahen Südtirol.

Regen Wellnesstag in der Mii:amo-Anlage des Hotels Garberhof in Mals (Südtirol).

2. Tag Besichtigung des Klosters St. Johann in Müstair und Panoramawanderung von Lü über Alp Sot und Craistas zum Hof Terza (2 Stunden, Höhendifferenz: Aufstieg 70 Meter, Abstieg 640 Meter).

Langschläfer Entweder Besichtigung des Klosters oder Panoramawanderung.

Schlechtwetter Besichtigung des Klosters, Saunabesuch in Taufers.

Ein Haus mit Geschichte

Zugegeben, für ein Wochenende ist die Anreise lang – fast fünf Stunden dauert die Fahrt von Zürich nach Müstair. Doch wer dann die wenigen Schritte vom Dorfplatz zur Chasa Chalavaina zurückgelegt hat, die Freitreppe hochgestiegen ist und in die Laube eintritt, weiss: Es hat sich gelohnt. Die Chasa Chalavaina ist ein Haus mit Geschichte, und die mächtige Holztüre verströmt, wie jeder Winkel des Hauses, den Geist vergangener Jahrhunderte. 1499 stand hier der Bündner Heerführer Benedikt Fontana und hielt eine Rede zu 6300 Bündner Kämpfern, mit denen er das Münstertal gegen die Habsburger verteidigen wollte. Es war der Auftakt des so genannten Schwabenkriegs.

Ihren Namen hat die Chasa Chalavaina von der Schlacht an der Calven. Zwei gekreuzte Schwerter im Wirtshausschild erinnern an den Kampf. Heute herrscht hier, vor allem im Winter, eine paradiesische Ruhe. Keine Kutscher und Säumer bringen nach der beschwerlichen Reise ihre Pferde und Maultiere im Stall unter, keine Soldaten brüllen herum, nur die Wärme des Kachelofens lässt das Arvenholz-Getäfer manchmal leise knacken.

**Seite 16: Winterwanderweg im Münstertal.
Unten: Sta. Maria – eines der vielen lohnenden Wanderziele.**

In diesem Haus ist Gastfreundschaft seit Jahrhunderten Tradition: Chasa Chalavaina am Dorfplatz von Müstair.

Seit fünfzig Jahren wird das Haus von der in Müstair ansässigen Familie Fasser geführt. 1958 übernahm es Carl Fasser, heute leiten es sein Sohn Jon und seine Tochter Ottavia. Schlichte Rustikalität bestimmt die Gaststuben ebenso wie die 15 Zimmer. Man fühle sich wie Diogenes in seinem Fass, meinte einmal ein Gast über sein Zimmer. Und so heisst die kleinste Kammer heute «La diogena». Ein anderes Zimmer trägt den Namen «La sulagliva», weil es besonders sonnig ist. Das Wirtschaftsgebäude ist 1980 in einen Hoteltrakt mit sieben zusätzlichen Zimmern umgebaut worden. Dabei entdeckte man Überreste alter Grundmauern, die wie das benachbarte, weltberühmte Kloster St. Johann aus dem 9. Jahrhundert stammen.

Das Haus mit der über 1000-jährigen Geschichte bietet Spätankommenden auch heute noch einen warmen Empfang: ein gutes Glas Wein und ein schlichtes Mahl. Zufrieden und müde zieht man sich dann zurück – nein, nicht ins Fass, sondern in eine grössere Kammer mit zwei wunderschönen Holzbetten.

Von Dorf zu Dorf

Im Morgenlicht erst entdeckt der Gast, dass auch grosse Zeitgenossen Spuren hinterlassen haben. Donald Judd, Pionier der amerikanischen Minimal Art, hat sich als Gast im Chalavaina überaus wohl gefühlt und dem Hausherrn einige Zeichnungen geschenkt. Wir aber wollen jetzt die Landschaft im Original sehen. Berg und Tal präsentieren sich im prächtigsten Winterkleid: Meterhoch liegt der Schnee und glitzert in der Morgensonne, darüber wölbt sich ein tiefblauer Himmel.

Das Münstertal weist keine ausgedehnten Schneesportgebiete auf wie das benachbarte Engadin. Das Skigebiet Minschuns umfasst nur gerade 27 Pistenkilometer. Doch das ist gut so: Die morgendliche Hektik von Skifahrern und Snowboardern, die einem ihre Geräte um die Ohren hauen, entfällt. Stattdessen locken Winterwanderwege, die mit rosa Tafeln gekennzeichnet sind. Wer gut zu Fuss ist, wählt die Talwanderung. Begonnen wird in Tschierv oder Lü, der höchst gelegenen Gemeinde Europas auf 1920 Meter über Meer. Vom Ortsausgang führt der Wanderweg zunächst Richtung Ofenpass, wird dann im Wald zu einer Schlittelbahn mit Doppelschleife, führt durch ein Tobel und eine kurze Steigung hinauf nach Tschierv. Von dort gehts via Fuldera-Daint, Fuldera, Valchava und Santa Maria zurück nach Müstair. Auf

Stahlblauer Himmel, Schnee, so weit das Auge reicht, und kein Verkehr: Bilderbuchwinter im Münstertal.

dieser Route durchwandert man alle Dörfer des Tals, manchmal ein kurzes Stück auf der Hauptstrasse, meist jedoch abseits des Verkehrs in der Ruhe der winterlichen Natur. Und wer dem Weg noch weitere zehn Minuten folgen mag, gelangt wandernd an die Grenze.

Ebenfalls sehr schön, aber viel kürzer ist der Höhenweg, der von Lü über die Alp Sot und Craistas zum Hof Terza führt, von wo man über das ganze Tal bis zur Ortlergruppe sieht. Der Weg ist einfach und mit sechs Kilometern Länge gut an einem halben Tag zu bewältigen. Wer will, kehrt im Hof Terza ein und wandert auf demselben Weg zurück, oder man steigt über Pütschai nach Sta. Maria ab. Die Busverbindungen sind – dank Sportbus nach Minschuns – auch im Winter so gut, dass selbst eingefleischte Autofahrer gerne für einmal auf das öffentliche Verkehrsmittel umsteigen.

Nicht nur bei Schlechtwetter ein Vergnügen: Das Kaiserbadl des Hotels Garberhof in Mals, Südtirol.

Ein Abstecher ins nahe Südtirol

Ein Muss ist ein Ausflug ins Vinschgau, der Südtiroler Region jenseits der nahen Grenze. Nach Glurns etwa, einem kleinen mittelalterlichen Städtchen, das aussieht, als sei die Zeit hier stehen geblieben. Die kleinste Stadt Italiens besitzt eine vollständig erhaltene Ringmauer mit drei wuchtigen Türmen, die ein dichtes Geflecht aus verwinkelten Gassen umschliesst. Lohnend ist auch ein Katzensprung nach Schluderns, dessen trutzige Churburg daran erinnert, wie eng die Geschichte der Schweiz mit dem Südtirol verbunden ist. Bezaubernd altmodische Konditoreien mit Torten und Gebäck in tirolerisch grossen Portionen belohnen den Grenzgänger.

Das Südtirol ist bekannt für seine ausladenden und kostengünstigen Wellnessanlagen. Müstair am nächsten liegt der Garberhof in Mals mit seiner Anlage namens «Mii:amo» (Ich liebe mich oder ich mag mich), was das Hotel mit «Ich will mir etwas Gutes tun» übersetzt. Eintagespauschalen mit Algensahne-Peeling, Kaiserbadl und anderen Anwendungen gibt es bereits ab 99 Euro. Angenehmer kann man einen Schlechtwettertag nicht verbringen. Wem es an Zeit oder Budget mangelt, lässt sich in Taufers in einer Sauna so richtig aufwärmen, da kann man von Müstair aus zu Fuss hin und zurück.

Ein Kloster von Weltruhm

Niemand, aber gar niemand, darf von der Chasa Chalavaina abreisen, ohne das Kloster St. Johann besichtigt zu haben. Das frühmittelalterliche und immer noch bewohnte Benediktinerinnenkloster, das heute zum Weltkulturerbe der Unesco gehört, erzählt die lange, eindrückliche Geschichte des Tals und seines Klosters. Wie in der geschichtsträchtigen Chasa Chalavaina wird auch im Kloster noch gewirtschaftet. In der Butia, dem Klosterladen, sind die Produkte der Nonnen als Souvenirs zu kaufen. Ein paar Köstlichkeiten sollte man einpacken – allein schon der langen Rückreise wegen.

**Weltkulturerbe der Unesco in Müstair: Das Benediktinerinnenkloster St. Johann mit einmalig schönen Fresken aus dem frühen 9. Jahrhundert.
Seite 23: Winterlandschaft bei Tschierv.**

Was wo wie viel

Unterkunft Chasa Chalavaina, Müstair.
Tel. 081 858 54 68.
Doppelzimmer 150–210 CHF, Reservationen nur telefonisch möglich. www.chalavaina.ch

Anreise Mit Bahn bis Zernez (Umsteigen in Landquart und Sagliains), weiter mit dem Bus bis Müstair. Reisezeit ab Zürich 4 $1/2$ Stunden. Mit Auto dieselbe Route durch Vereinatunnel nach Zernez und Müstair.

Restaurant Hof Terza, Tel. 081 858 71 60, bainterza@bluewin.ch

Wellness Hotel Garberhof, Statsstrasse 2, Mals. Tel. +39 0473 83 13 99, info@garberhof.com. www.garberhof.com

Sauna Alphotel Stocker, Wiesenhofstrasse 41, Sand in Taufers. Tel. +39 0474 67 81 13, info@hotelstocker.com. www.hotelstocker.com

Ausflüge Glurns: www.glurns.suedtirol.com
Schluderns: www.schluderns.suedtirol.com

Besichtigung Kloster St. Johann:
www.muestair.ch

Allgemeine Informationen Turissem Val Müstair.
Tel. 081 858 58 58,
info@val-muestair.ch. www.val-muestair.ch

Surselva
Sport und Genuss hoch fünf

Unterkunft Waldhaus Flims Mountain Resort & Spa, grösster Hotelpark der Schweiz mit drei Häusern: Grand Hotel und Grand Chalet, beides Fünfsternehäuser, sowie Viersternehaus Villa Silvana, eigenes Spa, vier Restaurants, davon zwei Gault-Millau-gekürt, mehrere Bars und Museum.
Anreise Bahnreise nach Chur, Postauto bis Flims Waldhaus, Abholservice des Hotels ab Busstation.
Ankunft Apéro auf der Terrasse des Pavillons, Besuch des Hotelmuseums im Untergeschoss, Nachtessen im Little China.

1. Tag Drei-Seen-Tour mit dem «Flyer», mit Picknick unterwegs oder Essen im Gasthaus am Crestasee (20 km, 680 Höhenmeter, leichte Strecke, Fahrtzeit zirka 4,5 Stunden).
Langschläfer «Flyer»-Tour nach Fidaz und Bargis (10 km, 560 Höhenmeter, mittelschwere Strecke, 3 Stunden), Essen im Berghaus Bargis.
Schlechtwetter Spa-Besuch mit Sauna, Hallen- und Aussenbad, Fitnessraum und -lektionen.
Besuch von Trun, Heimatdorf von Alois Carigiet. Im dortigen Museum Sursilvan ist eine grosse Sammlung von Carigiet-Werken zu sehen.

2. Tag Wanderung auf dem Kulinarik-Trail «Berg und Sicht» ab Falera bis Spalegna, mit Fünfgang-Menü, verteilt auf fünf Restaurants, 14,4 km, 5 Stunden (ohne Essen).
Langschläfer Raftingtour oder Wanderung durch die Rheinschlucht (Rafting nachmittags 3,5 Stunden).
Golfen auf dem Golfplatz Buna Vista Golf Sagogn.
Schlechtwetter Besichtigung des Benediktinerklosters Disentis. Besuch des Gelben Hauses in Flims, eines preisgekrönten Baus des Bündner Architekten Valerio Olgiati, in dem wechselnde Ausstellungen zu Architektur und regionalem Schaffen gezeigt werden.

Fliegende Velos im Luxushaus

Rassig sehen sie nicht gerade aus, und einige der Mountainbike-Cracks, von denen es hier nicht wenige gibt, haben ein mitleidiges Lächeln dafür übrig. Aber für Leute, die beim Wochenendsport nicht leiden, sondern geniessen wollen, sind die Dinger ein Segen: Elektrobikes oder «Flyer», wie ihr Markenname lautet. Tatsächlich fliegt man ein bisschen mit ihnen, sogar bergauf.

Flims-Laax-Falera in der Surselva war die erste Ferienregion, welche die «Flyer» ins touristische Programm aufgenommen und dieses konsequent ausgebaut hat. Heute besteht ein Netz von neun unterschiedlichsten Elektrobike-Routen mit 24 Stationen, an denen der Akku der Bikes ausgetauscht werden kann – die Voraussetzung für ein sportliches Genussprogramm, das viel länger als ein Weekend dauern könnte.

Zu den Vermiet- und Akkustationen gehört auch das Waldhaus Flims Mountain Resort & Spa, die **ideale Basis für genussorientierte Weekendsportler**: Nirgends lässt sich körperliche Ertüchtigung besser mit einem Verwöhnprogramm für Körper, Gaumen und Geist kombinieren als hier. Die Fünfsterneanlage bietet vier Restaurants – zwei davon sind mit 14 bzw. 17 Gault-Millau-Punkten dekoriert. Eine Lounge im Jugendstilpavillon mit Terrasse lädt zum stimmungsvollen Ankunfts-

Seite 24: Grand Canyon der Surselva: Die Rheinschlucht zwischen Ilanz und Reichenau.
Unten und rechts: Im grössten Hotelpark der Schweiz liegt ein ganzer Ferienort: Grand-Hotel, Spa, Pavillon, Gourmetrestaurant und ein Viersternehaus mit lichtem Holz in den Zimmern.

apéro; die Bars sind bis weit in die Nacht hinein geöffnet. In der Mitte des grossen Hotelparks funkelt wie ein Bergkristall das Glashaus des Hallenbads, Herzstück einer eleganten und weitläufigen Wellnessanlage.

Um die Vorzüge der Luxus-Anlage auszukosten, braucht man kein Fünfsternezimmer zu buchen. Die Villa Silvana gegenüber dem Hauptgebäude bietet Viersternekomfort und ist bei einigen Gästen dank ihrer Zimmer im Sommerhausstil sogar beliebter als das luxuriöse Haupthaus. Besonders begehrt ist die Nummer 301 mit freistehender Badewanne im Zimmer. Und um motorisierte Ausflüge in die Umgebung zu machen, braucht man auch nicht mit dem eigenen Auto anzureisen: Vor dem Hotel stehen zwei trendige Mini-Cabriolets, die sich Hotelgäste gratis ausleihen können.

Qual der Wahl der Sportart

Die Surselva ist ein Wunschziel für Sportler verschiedenster Couleur. 330 Kilometer Bike-Routen stehen zur Verfügung, die spektakuläre Rhein-

Ohne Schweiss bergauf: Mit den Elektrobikes lässt sich mühelos und genussreich die Surselva erkunden.

schlucht, in der Trendsportveranstalter Rafting und Hydrospeed anbieten, drei Golfplätze in nächster Umgebung, und in drei Bergseen kann man sich herrlich abkühlen. Zudem führen bequeme Bergbahnen rundum die Hänge hinauf – auch beim Wandern oder beim neumodischen Hiken und Walken hat man also die Qual der Wahl.

An diesem Morgen fällt die Entscheidung jedoch leicht. Die Einstimmung aufs Wochenende hat am Vorabend von der Ankunft am späten Nachmittag bereits bis tief in die Nacht hinein gedauert. Eine ausgedehnte, aber nicht anstrengende Tour mit den Elektrobikes soll für neuen Schwung sorgen.

Die Drei-Seen-Route ist dafür ideal. Von Flims aus geht's zunächst nach Staderas und am winzigen Lag Tuleritg sowie am türkisfarbenen Caumasee vorbei nach Conn. Dort steht ein spektakulärer Turm mit grandioser Aussicht: der Spir, der «Mauersegler», eine überhängend angebrachte Aussichtsplattform, von der man in den schönsten Abschnitt der Rheinschlucht sieht. Weit unter den Füssen mäandert der Rhein an den weissen Kalkfelsen vorbei.

Das Restaurant Conn ist eine der Akkustationen und ein beliebtes Ausflugsziel. Doch es wäre zu einfach, hier schon zu rasten. Also geht's weiter über das Hochplateau hinunter nach Trin Digg und Trin Mulin bis an den dritten der Seen, den lauschigen Crestasee. Er ist an warmen Sommertagen oft weniger bevölkert als der Caumasee, weil die Autos ziemlich weit weg parkiert werden müssen. Ausserdem steht da ein Gasthaus, dessen Besuch sich unbedingt lohnt. An idyllischster Lage wird beste Kulinarik geboten. Das Gasthaus am Crestasee verfügt übrigens über vier Gästezimmer – ein guter Tipp für Leute, die gerne einmal ganz abgeschieden logieren möchten. Vor allem aber muss der See genossen werden. Auf dem Holzfloss zu liegen und mit der grossen Zehe den Schnee «abzukratzen», der noch auf dem mächtigen Flimserstein hoch über dem Wald liegt, ist einfach herrlich.

Bade- oder Gaumenfreuden?

Zurück im Hotel lockt das Nachtschwimmen, das Spa bleibt samstags nämlich bis 22 Uhr geöffnet. Das macht die Wahl schwierig: Auf der Sprudelliege im Freien in die Sterne blicken oder sich etwas chic machen und im Epoca die 17 Gault-Millau-Punkte von Chef Sandro Steingruber testen? Der Entscheid fällt zugunsten des Restaurants.

Das Essen im Epoca ist erwartungsgemäss fantastisch. Wer aber das Glück hat, an einem Wochenende anzureisen, an dem das Museums-Dinner stattfindet, sollte sich das Epoca für ein andermal aufheben und in den Keller hinuntersteigen: In den sieben Räumen des Hotelmuseums werden sieben Menügänge und sieben Weine serviert, dazu bekommt man Wissenswertes und Anekdoten aus der langen Geschichte des Hotels gereicht. Im Bordeauxkeller beginnt die Reise und führt über die

Fünfsterne-Aussicht: Der Aussichtsturm Il Spir (links) ist überhängend angebracht, auf dem Golfplatz Buna Vista ist der Name Programm.

29

Museumsräumlichkeiten und die Muligarage bis ins Olgiati-Museum. Eine abendfüllende Unterhaltung der Spitzenklasse.

So oder so, auf dem Nachhauseweg vom Pavillon zurück ins Hotelzimmer sollte man sich noch Zeit für die Night Show im Park nehmen: Wenn es dunkel ist, verwandelt sich der Glaskubus des Bads in eine riesige Leinwand. Die Glasflächen werden mit bewegten Bildern junger Videokünstler bespielt. Mannshohe Fische schwimmen vorbei, Wellen schwappen über das Gebäude, dann wieder leuchtet der Kubus als Kristall in die Nacht.

Am nächsten Morgen muss der Kulinarik-Trail aus dem Programm gestrichen werden. Nicht des Essens wegen, nein, das ginge schon wieder – aber die Zeit wird knapp. Die Bergluft hat für einen sehr langen Schlaf gesorgt. Also wird um Ersatz gewürfelt: Golfen oder doch lieber raften? Durch die Rheinschlucht wandern oder das Benediktinerkloster in Disentis besichtigen? Die Kultur gewinnt: Die 34 Megalithen bei der St. Remigius-Kirche in Falera, Zeugen eines 3500 Jahre alten Sonnenkults und astronomischer Kenntnisse unserer Urahnen, stehen schon lange auf der «Must see»-Liste. Und das Carigiet-Museum in Trun ist gutes Ziel für eine Spritztour mit einem der Mini-Cabrios.

So bleibt auch noch Zeit für die grosse Heldentat im Spa: Im Bioteich hinter der Sauna, der nie wärmer als 15 Grad wird, einmal so richtig eintauchen und die grossen Kois grüssen, die den Badenden um die Füsse schwimmen. Beim Aufwärmen auf der Sprudelliege danach reift die Erkenntnis: Nicht alle Möglichkeiten zu nutzen, sondern sie zu haben, ohne etwas zu tun – das ist der grösste Luxus.

Orte zum Relaxen: Der lauschige Crestasee und der Spa-Bioteich, den man sich mit Kois teilt. Seite 31: Zwei der Megalithen vor der Remigius-Kirche in Falera.

Was wo wie viel

Unterkunft Waldhaus Flims, Via di Parc, 7018 Flims, Tel. 081 928 48 48, info@waldhaus-flims.ch, Doppelzimmer im Haupthaus ab 600 CHF, in der Villa Silvana ab 480, Weekend-Pauschalen ab 540 CHF pro Person. www.waldhaus-flims.ch

Anreise Bahn bis Chur, Postauto bis Flims Waldhaus, Haltestelle fünf Gehminuten vom Hotel, Gratis-Abholservice, bei Anreise mit dem Auto fallen 18 CHF pro Tag für den Parkplatz in der Tiefgarage des Hotels an.

Restaurants Gasthaus und Naturbad am Crestasee, 7014 Trin, Tel. 081 911 11 27, www.crestasee.com

Berghaus Bargis, Familie Beeli-Nold, 7017 Flims-Dorf, Tel. 081 911 11 45, www.berghaus-bargis.ch

Die Restaurants des Kulinarik-Trails werden vom Tourist Center bei der Buchung reserviert: Flims Laax Falera Tourismus, 7017 Flims-Dorf, Tel. 081 920 92 00, Kulinarik-Trail «Berg und Sicht» CHF 79 (ohne Getränke)

Flyer Miete im Hotel, ab 40 CHF pro Tag. Eine Karte mit allen Strecken und Akku-Stationen wird dazu abgegeben

Rafting Swiss Raft, Flims, Tel. 081 911 52 50, Rafting mit Imbiss 109 CHF, www.swissraft.ch

Golf Greenfee 60 CHF, Miete Schlägerset 30 CHF, Buna Vista Golf, 7152 Sagogn, Tel. 081 921 34 64, info@bunavistagolf.ch. www.bunavistagolf.ch

Wandern Landeskarte 1:25 000, Flims (1194), Ilanz (1214), Karte zu den Kulinarik-Trails bei Flims Laax Falera Tourismus, Via Nova 62, 7017 Flims-Dorf, Tel. 081 920 92 00, www.flims.ch

Kloster Disentis 7180 Disentis, Tel. 081 929 69 00, www.kloster-disentis.ch

Gelbes Haus Flims 7017 Flims Dorf, Tel. 081 936 74 14, www.dasgelbehaus.ch

Museum Sursilvan, Trun 7166 Trun, Tel. 081 943 11 39, geöffnet Samstag 14–17 Uhr sowie jeden 2. und 4. Sonntag im Monat 14–17 Uhr, www.trun-turissem.ch

OST- UND ZENTRALSCHWEIZ   TIPP **4**

Der Bodensee-Triathlon
Bummeln, biken, skaten

Unterkunft Schloss Wartegg am Fusse des Rorschacherbergs, eine auf das 16. Jahrhundert zurückgehende Anlage in einem neun Hektaren grossen Park, 1999 in ein naturnahes Hotel transformiert. 27 Zimmer ohne Extravaganzen, eingerichtet mit natürlichen Materialien. Bioküche (Gout Mieux), lockere Atmosphäre für die ganze Familie, Kinderspielplatz, Ruhebereich nur für Erwachsene. Terrassenrestaurant mit einmalig schönem Blick auf den Bodensee. Historisches türkises Bad mit Sauna. Mietfahrräder, Mobility-Auto.
Anreise Mit der Bahn via St. Gallen nach Staad. Von dort ist das Schloss Wartegg zu Fuss in sieben Minuten zu erreichen. Oder ab Bahnhof Rorschach mit Taxi.
Ankunft Apéro und Nachtessen im Schloss Wartegg.

1. Tag Radtour vom Rorschacherberg nach Bregenz. Stadtrundgang und Besichtigung der Seebühne, Weiterfahrt nach Lindau und per Schiff zurück nach Rorschach.
Langschläfer Mit dem Schiff nach Bregenz.
Schlechtwetter Einkaufsbummel in Bregenz inklusive Besuch Wolford-Fabrikladen oder Zeppelinmuseum in Friedrichshafen, Fähre ab Romanshorn. Abendessen im Hotel.

2. Tag Von Rorschach mit Fahrrad oder Inlineskates nach Kreuzlingen (40 km), mit Bahn zurück.
Langschläfer Fahrt mit dem Velo oder mit den Inlineskates nach Romanshorn.
Oder mit dem Velo über den Seerücken nach Kreuzlingen (1 $^1/_2$ Stunden).
Schlechtwetter Besuch des Aquariums Sea Life Centre in Konstanz.

Das «grüne» Schloss

So viel hat man sich vorgenommen für das Wochenende – unzählige Möglichkeiten gibt es hier am Bodensee, sich zu tummeln, Bekanntes wieder zu sehen und Neues zu entdecken. Und dann steht man in seinem Zimmer auf Schloss Wartegg und will gar nichts mehr unternehmen. Zu gross ist die Verlockung, möglichst viel Zeit im Hotel und etwas weniger unterwegs zu verbringen.

Seit seiner Eröffnung 1999 hat das spezielle Hotel viele Liebhaber gewonnen. Das Gebäude stammt aus dem 16. Jahrhundert und diente über die Jahrhunderte gewichtigen Besitzern aus Adel und Politik als Wohnsitz. 1944 verstarb der letzte Schlossherr. Fünfzig Jahre lang war die Anlage dem Verfall preisgegeben, bis Christoph und Angelika Mijnssen auf der Suche nach einer schönen Bleibe das Haus mit seinem neun Hektaren grossen Park entdeckten und beschlossen, ein Hotel zu eröffnen.

Die Zimmer sind in schlichtem zeitgenössischem Design gehalten und mit natürlichen Materialien eingerichtet. Im Restaurant wird ausgezeichnete Bioküche (Gout Mieux) angeboten. Im grossen, biologisch gepflegten englischen Park stehen die Liegestühle auf blumenreichen Naturwiesen. Auch weniger naturnah orientierte Gäste fühlen sich sehr wohl hier, denn die Atmosphäre ist locker und die Ruhe entspannt.

Seite 32: Hier rollts: Bodenseeradweg bei Bottighofen.
Unten: Ob Park, Innendesign oder Gourmetmenü – im Schloss Wartegg bei Rorschach ist alles Natur pur.

Bregenz, ein Mekka für «Architektouristen»

Schloss Wartegg verfügt über eigene Mietvelos. So ist man blitzschnell auf dem Velowanderweg rund um den Bodensee, der am Hotel vorbei nach Buechen und Rheineck und weiter über Hard bis nach Bregenz führt. In Buriet lohnt sich ein Abstecher in Richtung Flugplatz zur Markthalle Altenrhein. Sie ist das letzte Bauwerk von Friedensreich Hundertwasser.

Der Radweg überquert den Rheinkanal und folgt dann den Uferanlagen bis ins Zentrum der vorarlbergischen Hauptstadt. Vor allem Architekturinteressierten hat Bregenz sehr viel zu bieten. Kaum eine andere Stadt dieser Grösse hat eine solch hohe Dichte an sehenswerter, zeitgenössischer Architektur. Grund dafür ist nicht zuletzt ein Rechtsstreit: Eine Gruppe von Architekten schloss sich in den 1970er-Jahren zusammen und machte sich mit dem Bau innovativer Siedlungen und Wohnhäuser einen Namen. Die österreichische Architektenkammer zog die Gruppe vor Gericht, weil sich die Planer zu Unrecht Architekten nannten. Der Titel ist in Österreich an die Mitgliedschaft in der Kammer gebunden – die meisten Vorarlberger Architekten aber weigerten sich, dieser konservativen Institution beizutreten. Die Wortführer der Bauschule gründeten darauf den Verein «Vorarlberger Baukünstler». Er wurde zum Inbegriff eines neuen sozialen und beruflichen Ethos und entsprechender baulicher Konzepte. 1991 erhielten die Baukünstler den in-

Friedensreich Hundertwassers Version eines Konsumtempels:
Die Markthalle von Altenrhein.

Bregenzer Architektur-Highlights:
Das Kunsthaus von Peter Zumthor
(Mitte) ist eine der Pilgerstationen.

ternationalen Kunstpreis des Landes Vorarlberg. Von da an war moderne Architektur Prestigesache: Jede grössere Firma und jeder vermögende Privatmann, der etwas auf sich hielt, zierte sich mit dem Werk eines Baukünstlers. Mit Peter Zumthors viel beachtetem Kunsthaus, das 1997 eröffnet wurde, zementierte die Stadt schliesslich ihren internationalen Ruf als Architekturmetropole.

Der quadratische Glas- und Leuchtkörper Zumthors ist nur eines der architektonischen Highlights im Stadtzentrum. Der Erweiterungsbau des Festspielhauses an der Uferpromenade mit seinen Glaskuben auf Pfählen ist fast ebenso spektakulär. Nicht zu vergessen das Gebäude der Raiffeisenbank gleich gegenüber vom Kunsthaus. Die Architekturbüros von Hans Hollein, Jean Nouvel, Peter Zumthor, Untertrifaller/Dietrich, Baumschlager/Eberle/Grassmann sind in Bregenz mit Bauten präsent. Ein spezieller Führer für «Architektouristen», herausgegeben vom Bregenzer Verkehrsbüro, weist den Weg.

Auf Schnäppchenjagd

Am besten beginnt man die Tour in der Nähe der Seebühne mit einer Stärkung. Der Klosterkeller des Klosters Mehrerau ist ein Heurigenlokal mit echt österreichischem Schmaus. Wer am Samstag anreist, sollte das Architektur-Sightseeing zudem mit Einkaufsfreuden verbinden: In einem Prunkbau ausserhalb des Stadtzentrums lädt die «World of Wolford», einer der schicksten Fabrikläden der Welt, ein zur Schnäppchenjagd nach

Verführerische «World of Wolford»: Dessous und Strümpfe im Fabrikshop, Prosecco im Trendlokal.

feinen Dessous und sündhaft teuren Strümpfen. Abschliessen lässt sich der Ausflug im Trendlokal WOW, das zur Wolford-Welt gehört: In der kühlen schmalen Bar mit Restauranttischen entlang der Fensterfront können sich erfolgreiche Jägerinnen bei einem Glas Prosecco oder einem Macchiato vom Grosseinkauf und dem plötzlichen Mut zu hautengen, transparenten Dessous erholen.

Wer nun noch Kraft hat, in die Pedale zu treten, radelt zurück nach Rorschach. Idyllischer aber ist es, weiter ins hübsche historische Inselstädtchen Lindau zu fahren, von wo einen das Schiff zurück nach Rorschach bringt.

Die rollenden Heerscharen

Der Ausflug am nächsten Tag geht in die entgegengesetzte Richtung. Wiederum das Rad zu nehmen, wäre bequem. Der Hintern hat sich an den Sattel gewöhnt und der Rücken an den Lenker. Doch der Plan steht fest: Nicht auf dem Stahlesel, sondern skatend soll das Bodenseeufer heute erobert werden. Über 45 Kilometer sind es von Staad über Rorschach bis Kreuzlingen.

Die Strecke führt bis Arbon dem See entlang, dann auf asphaltierten Nebenstrassen bis Romanshorn und von dort zwischen Bahnlinie und See bis nach Kreuzlingen. Die Route ist Teil der 175 Kilometer langen, asphaltierten Strecke zwischen Bad Ragaz und dem Rheinfall, die 1994 als erste Schweizer Skaterroute eröffnet wurde. Sie lockt an Wochenenden Hunderte, ja Tausende von Rollschuhfahrern an, zumal auch Rundtouren möglich sind: Asphaltierte Wege für Radler und Skater führen mittlerweile rund um den See herum. Das sind 300 Kilometer mit unzähligen Varianten und Möglichkeiten, die Fahrt mit dem Schiff abzukürzen oder mit der Bahn zurückzufahren.

Die grosse Zahl der rollenden Wochenendausflügler hat ihre Vorteile. Die Bandbreite zwischen blutigen Anfängern und pfeilschnell wie Hockeyspieler durchs Gewühl flitzenden Extremsportlern ist so gross, dass jeder und jede jemanden in der Menge findet, der oder die es ähnlich gut oder schlecht kann.

Zu Beginn gehts flott voran, obwohl das erste Wegstück auf dem schmalen Trottoir gefahren werden muss. Schon in Horn aber machen sich der in der Begeisterung überstürzte Start und das fehlende Training bemerkbar. Die Knie beginnen bei der kleinsten Kurve zu wackeln. Der Rastplatz zwischen Seehof und Steinach kommt gelegen. In Arbon heisst es dann, eine grössere Pause einlegen. Die Rollschuhe werden mit den normalen Schuhen im Rucksack getauscht, ein Stadtbummel drängt sich auf. Das Schloss mit dem siebenstöckigen Turm auf dem Kastellhügel lockt als Aussichtspunkt, und im Restaurant Strandbad gibts Stärkung für die Weiterfahrt. Ab der Stadtgrenze Arbon folgt die Route kleinen Seitensträsschen hinter der Bahnlinie. Da heisst es aufpassen und Rücksicht nehmen auf die anderen Verkehrsteilnehmer.

Radwechsel, ganz einfach

Die Beine beginnen jetzt oft bedenklich zu wackeln, und immer häufiger dient eine Strassenlaterne oder ein Zaunpfahl als Bremshilfe und Stütze beim Ausruhen. Auf diese Weise bis Kreuzlingen durchzufahren, scheint ein ziemlich anstrengendes und wenig spassiges Unternehmen zu sein. Also wechseln wir in Romanshorn von vier kleinen auf zwei grosse Räder. Der Velopark der SBB ist riesig: Ein ganzes Heer glitzernder Räder der neusten Generation steht in einer Lagerhalle zwischen Bahnhof und Fährhafen bereit. Schnell ist das ausgewählte Velo auf die richtige Grösse eingestellt, und mit neuem Elan geht es weiter, dem See entlang Richtung Uttwil.

Wunderschöne Villen stehen hier am Ufer ausserhalb des Stadtkerns, alte Paläste in grossen verwunschenen Gärten, aber auch neuere, architektonisch auffällige Glaskomplexe. Wer hier wohl wohnt? Da, am Eingang eines besonders schönen Hauses, ist die Klingel tatsächlich angeschrieben: «Wundernase» steht drauf.

Ritt um den Bodensee: Es lohnt sich, dann und wann abzusteigen und den Weitblick über das schwäbische Meer zu geniessen.

Die Rastplätze folgen sich nun häufiger. Über weite Strecken verläuft der Veloweg parallel zum Bahntrassee. In regelmässigen Abständen tuckert die kleine Thurbo-Bahn (Thurgau-Bodenseebahn) vorbei, und an jeder Ortsgrenze verkündet freundlich eine Tafel: «Sie erreichen Uttwil», «Sie erreichen Kesswil» etc. Die Seeluft lüftet die Nase, der Fahrtwind zerzaust das Haar und der Blick über das Wasser befreit den Kopf – kurz: Die Reise auf dem Velo ist wunderbar!

Auf eine Brotzeit nach Konstanz

Lange vor Kreuzlingen wäre eigentlich eine Mittagsrast angesagt. Doch reizvoller erscheint es heute, bis zum Ziel durchzuhalten und, jenseits der Grenze, in Konstanz einzukehren. Direkt hinter dem Zoll lockt der Biergarten Hafenhalle. Auf der riesigen Holzterrasse liesse es sich gut sein bis weit in die Abendstunden hinein. Schiffe hupen, die Leinen der Segelmasten klappern im Wind, Möwen kreischen und dazu schmeckt jede einzelne der sechs Biersorten vom Fass einfach köstlich.

In Konstanz wäre noch das Sea Life Centre zu bewundern. Es steht ganz in der Nähe des Biergartens neben dem Shoppingcenter Lago. In 40 naturgetreu gestalteten Aquarien gibt es 3000 Süss- und Salzwasserfische zu bewundern. Highlight ist ein neun Meter langer Tunnel, der auf dem Grund des Beckens «Rotes Meer» liegt und von dem man Schwarzspitzenriff- und Bambushaie beobachten kann, wie sie über einen hinweg schwimmen. Das Grossaquarium wird ständig ausgebaut. 2007 sind zwei Meeresschildkröten dazu gekommen, die aus einem Nachtzuchtprogramm von Sea Life stammen.

Auch das Shoppingcenter Lago ist einen Besuch wert. Neben dem europäischen Einheitsbrei an Boutiquen sind hier noch ein paar Geschäfte zu finden, die noch nicht in die Schweiz expandiert haben. Doch wir heben uns diese Besuche als Schlechtwetterprogramm für nächstes Mal auf – und gönnen uns stattdessen eine bayrische Brotzeit, die gibts auch in Baden-Württemberg.

Welche Route darfs denn sein?
Die Strecken für Radler und Skater sind gut ausgeschildert und lassen sich mit Schiff und Bahn abkürzen.

Was wo wie viel

Unterkunft Schloss Wartegg, Rorschacherberg. Tel. 071 858 62 62. DZ ab 160 CHF. www.wartegg.ch

Anreise Mit der Bahn bis Staad, zu Fuss in Richtung Rorschach, über Bahnübergang und oberhalb in den Park, der zum Hotel gehört (zirka 7 Minuten) oder ab Bahnhof Rorschach mit Taxi.
Autobahn A1 bis Ausfahrt Rheineck, Richtung Rorschach, nach Ortstafel Staad gerade durch Kreisel bei Hundertwasser-Halle bis zum Ortsende, dort Richtung Rorschacherberg und braunen Wegweisern folgen.

Restaurants Klosterkeller Mehrerau, Seglerweg 2, Bregenz. Tel. +43 (0)5574 714 61 11.

World of Wolford (WOW), Wolfordstrasse 1, Bregenz. Tel. +43 (0)5574 690 458. Samstags geöffnet 9–17 Uhr. www.wolford.at

Biergarten Hafenhalle, Hafenstrasse 10, Konstanz. Tel. +49 (0)7531 21126. Geöffnet Freitag/Samstag 10–2 Uhr, Sonntag 10–1 Uhr.

Mietvelos Hotel Wartegg: 18 CHF/Tag.

SBB-Stationen (Rorschach, Romanshorn): 31 CHF/Tag, Rückgabe an einem anderen Bahnhof: 38 CHF/Tag, Suva-Helm gratis. Information und Online-Reservation: www.sbb.ch oder www.rent-a-bike.ch

Skaten Karte Skateguide Bodensee, Bielefelder Verlagsanstalt, ISBN 3-87073-305-5, 7.95 €.

Architektur Karte Architektour Vorarlberg erhältlich bei Vorarlberg Tourismus, Bahnhofstrasse 14, Bregenz. Tel. +43 (0)5574 425 25-0, info@vtour.at. www.vorarlberg-tourism.at

Besichtigung Markthalle Altenrhein, Staad. Tel. 071 855 81 85. Geöffnet April–Oktober: täglich 10–17:30 Uhr, November–März: Samstag/Sonntag 13–17:30 Uhr. Eintritt 5 CHF, Kinder gratis. www.markthalle-altenrhein.ch

Sea Life Centre, Hafenstrasse 9, Konstanz. Tel. +49 (0)7531 128 270. Täglich 10–19 Uhr, Mai, Juni und Oktober: 10–18 Uhr, November bis April: 10–17 Uhr. Eintritt 9.75 €, Kinder 5.75 €. www.sealife.de

Museum Zeppelinmuseum, im Hafengelände, Friedrichshafen. Tel. +49 (0)7541 3801-0. Öffnungszeiten Mai bis Oktober: täglich 9–17 Uhr, November bis April: täglich 10–16 Uhr. www.zeppelin-museum.de

Schifffahrt Schweizerische Bodensee-Schifffahrtsgesellschaft, Romanshorn. Tel. 071 466 78 88. www.bodensee-schiffe.ch

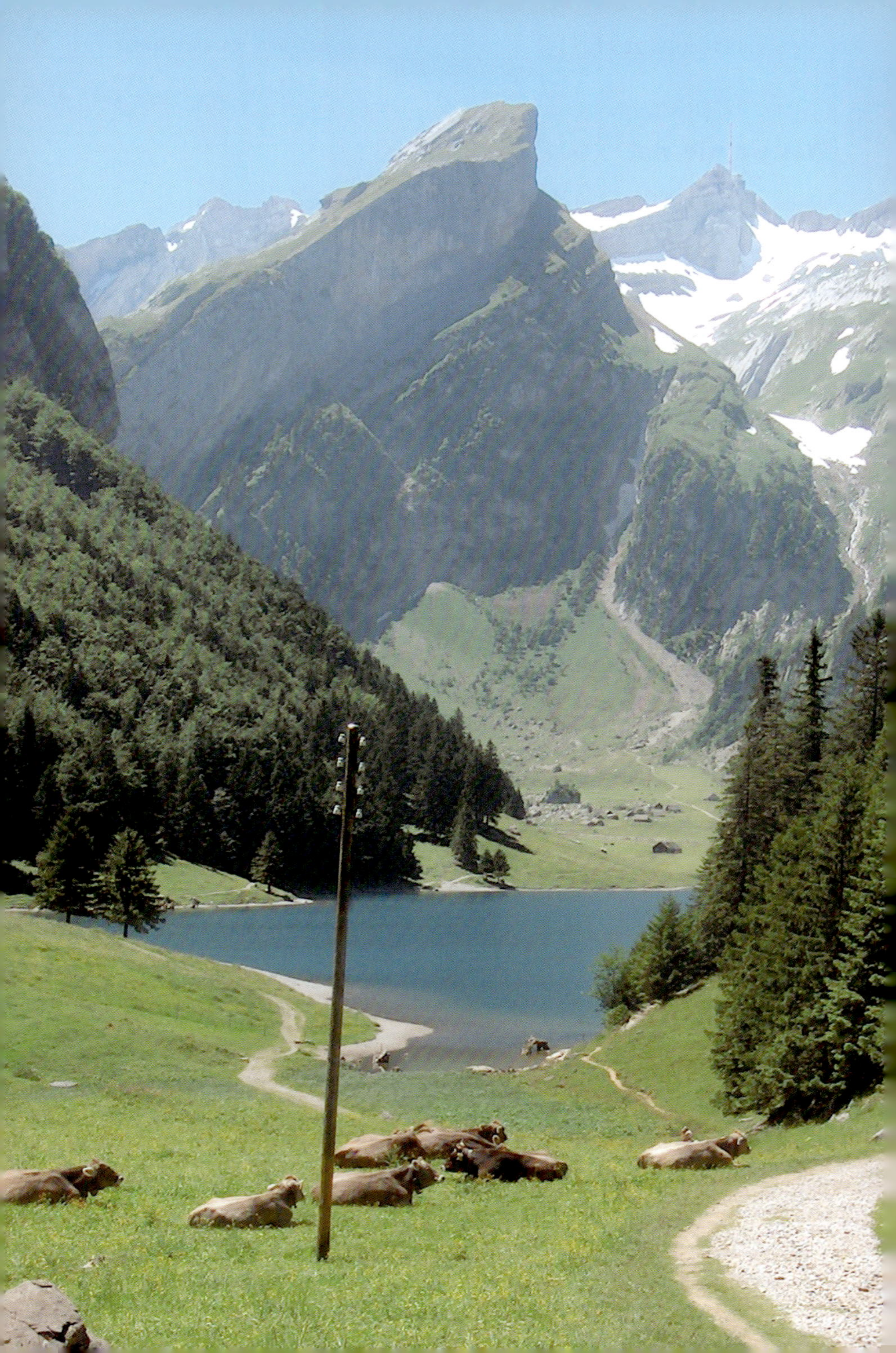

OST- UND ZENTRALSCHWEIZ　　　　　　　　　　　　　　　　TIPP **5**

Alpstein
Sterne zählen, fischen und ins Tal schweben

Unterkunft Gasthaus Forelle direkt am Seealpsee. Grosse sonnige Terrasse. 10 Doppelzimmer im Appenzellerstil (5 davon mit Seesicht). Saisonbetrieb von Mitte April bis Anfang November.
Anreise Mit der Appenzeller Bahn durch die reizvolle Voralpenlandschaft bis zur Endstation Wasserauen. Von dort zirka einstündige Wanderung zu Fuss zum Seealpsee auf 1141 Meter über Meer.
Verpflegung Gasthaus Forelle. Unterwegs Einkehr in einem der über 30 Berggasthäuser im Alpstein-Gebiet.
Ankunft Abendspaziergang um den Seealpsee (40 Minuten).

1. Tag Rundwanderungen. Für alle Routen sind feste Schuhe empfohlen.
Seealp–Meglisalp–Hütten–Seealp (4 Stunden, mittelschwer)
Seealpsee–Mesmer–Agatenplatte–Meglisalp–Seealp (3 $^1/_2$ Stunden, mittelschwer)
Seealp–Säntis–Meglisalp–Seealp (anspruchsvolle Tageswanderung, Voraussetzung: Schwindelfreiheit, Trittsicherheit).
Langschläfer Forellenfischen im Seealpsee (Patent im Voraus bestellen). Den Fang im Gasthaus zubereiten lassen. Ruderboot mieten, Bad im Bergsee, Aussicht, Ruhe und Alpenluft geniessen.
Schlechtwetter Bei Regen beissen die Fische besser!

2. Tag Wanderungen über Äscher, Wildkirchli zur Ebenalp (2 $^1/_2$ Stunden). Besichtigung der prähistorischen Fundstätte und der Einsiedelei Wildkirchli. Anschliessend per Tandemgleitschirmflug nach Wasserauen.
Langschläfer Wanderung zur Ebenalp von dort mit Schwebebahn nach Wasserauen.
Schlechtwetter Spaziergang durch Appenzell: intaktes historisches Stadtbild, berühmter Landsgemeindeplatz.
Besuch des Museums Liner, Appenzell, Architektur von Gigon & Guyer mit Wechselausstellungen zur Kunst des 20. Jahrhunderts.
Besuch des kantonalen Museums mit herausragender Sammlung von Appenzeller Volkskunst.

Eine Freudenträne Gottes

So, der Aufstieg wäre geschafft! Jetzt erst mal hinsetzen, einfach nur Aug und Ohr sein. Der Blick von der Terrasse des Berggasthauses Forelle gleitet über den spiegelglatten, im Abendlicht metallisch glänzenden Seealpsee und bleibt an der grandiosen Kulisse hängen, die die Gipfel von Rossmad, Säntis und Altmann bilden. Darüber wölbt sich ein glasklarer Himmel. Meditatives Glockengebimmel weht von den Alpweiden jenseits des Sees herüber und setzt kleine akustische Akzente in die für Städter so ungewohnte Stille. So ruhig ist es, man meint das Herz schlagen zu hören, das beim Fussmarsch von Wasserauen zum Seealpsee schon etwas ins Pumpen gekommen ist. Eine knappe Stunde braucht man für die 300 Höhenmeter von der Endstation der Appenzeller Bahn, dem Schwendibach entlang, bis zum Seealpsee, der wie ein glitzerndes Juwel in einem Hochtal auf 1141 Metern über Meer liegt. Auf einer der beiden bewaldeten Halbinselchen liegt das Berggasthaus Forelle. Ein freundlicher Holzbau mit einladender Terrasse, auf der es sich wunderbar verweilen, essen oder die Aktivitäten der nächsten Tage planen lässt.

Seite 42: Alpidyll mit Glockentönen: Der Seealpsee im Alpstein.
Unten: Höhenunterschied 1400 Meter: Blick vom Säntis auf den Seealpsee.

OST- UND ZENTRALSCHWEIZ TIPP 5

Allein schon für die Forelle blau, die es hier gibt, lohnt sich der Aufstieg: Gasthaus Forelle am Seealpsee.

«Sönd willkomm», wird der Gast im Appenzeller Land traditionellerweise begrüsst. Bei Gastgeber Rony Fritsche, einem waschechten Innerrhödler mit einem wunderbar kernigen Dialekt, fühlt man sich auf Anhieb willkommen. Das Angebot in der Gaststube ist währschaft und die Speisekarte listet verschiedene regionale Gerichte auf, etwa die Bärlauch-Käsespätzli, für die allein manche den Fussmarsch zur Seealp in Kauf nehmen. Auch die berühmten Appenzeller Siedwürste fehlen nicht. Bei den Vorspeisen liegt das Gute noch näher: hausgemachte Brennnesselsuppe oder Frischkäsespezialitäten vom Seealpsenn: Schlipfechäs (in Salzwasser eingelegter, frischer Kuhmilchkäse), Ziegenfrischkäse oder Seealp-Mozzarella. Das Nächstliegende aber, und mithin der kulinarische Höhepunkt, sind, wie es sich für ein Haus dieses Namens gehört, Forellen. Ob blau, gebraten oder als geräuchertes Filet – alle sind sie noch vor kurzem im sauberen Seealpsee herumgeschwommen und können frischer nicht sein.

Wer jetzt noch nicht die nötige Bettschwere verspürt und sich nicht fürchtet vor der unerlösten Jungfrau, dem Bötzler, dem Stifelhans und anderen Sagenfiguren, die im Alpstein ihr Unwesen treiben sollen, macht einen Mondscheinbummel um den See und zählt voller Verwunderung die vielen Sternlein, die am nachtschwarzen Berghimmel stehen.

Danach fällt es leicht, im «Arnica», «Enzian», «Männertreu» oder «Vergissmeinnicht» in einen traumlos tiefen Schlaf zu sinken, eingehüllt in eine stille Nacht, ohne Strassenlaternenschein und schletzende Autotüren. Betten und Nachttische im typischen Appenzeller Stil farbig bemalt, blauweiss karierte Bettwäsche – auch bei der Einrichtung der holzgetäferten Doppelzimmer, von denen jedes den Namen einer Bergblume trägt, ist sich das sympathische Berggasthaus treu geblieben.

Wohin man auch wandert, es wartet ein Berggasthaus

Am nächsten Morgen ein Blick aus dem Fenster und man versteht die Sage um die Entstehung des Seealpsees: Er soll eine Freudenträne sein, die Gott weinte, als er eines Tages vom Himmel herunter in das unvergleichlich schöne Tal im Alpsteingebirge blickte. Gut ist aus den Plänen nichts geworden, als Ende des 19. Jahrhunderts im Zuge des «Eisenbahnfiebers» die Appenzeller Bahn von Wasserauen über die Seealp bis auf den Säntis verlängert werden sollte. Man versprach sich von diesem Projekt eine Ankurbelung des Tourismus und träumte von einem Davos im Alpstein!

Auch ohne Eisenbahn gehört das Säntismassiv dank seinen vielen Alpen, die heute noch bewirtschaftet werden, zu den am besten erschlossenen Berggebieten der Schweiz. Ein dichtes Netz gut ausgebauter Wege, Seilbahnen und über dreissig Berggasthäuser machen den Alpstein zu einem wahren Dorado für Wanderinnen und Berggänger. Der von verschiedenen Hochtälern zerfurchte Gebirgszug erhebt sich zwischen Rheintal, Toggenburg und dem Appenzellerland bis auf eine Höhe von 2503 Metern über Meer. Der höchste Punkt, der Säntisgipfel, kann vom Seealpsee aus via Mesmer, Fälenalp, Wagenlücke erklommen werden. Rund viereinhalb Stunden muss für den recht anstrengenden Aufstieg gerechnet werden, bei dem 1400 Höhenmeter zu überwinden sind. Das letzte Wegstück führt über in den Fels geschlagene Treppenstufen zum Gipfel. Der Rundblick von der Terrasse des Berggasthauses Säntis – man sieht bei klarem Wetter vom Allgäu bis zu den Berner Alpen – entschädigt aber voll und ganz für allfällig erlittene Strapazen. Das traditions- und geschichtenreiche Haus wurde 1846 von Jakob Dörig erbaut und wird seither von der Familie Dörig geführt. Der Rückweg, für den noch mal drei Stunden einzuplanen sind, führt über die Meglisalp (1517 Meter über Meer), eine idyllische Hochalp mit einer Ansammlung von Sennhütten und der Kapelle Maria zum Schnee, wo im Sommer gut besuchte Berggottesdienste stattfinden. Von der Meglisalp führt der Weg abwärts, am Teufelskirchli vorbei über Spitzigstein zurück zur Seealp.

Doch es müssen nicht sieben Stunden sein! Eine Vielzahl verlockender Ziele sind auf Rundwanderungen von drei bis vier Stunden vom «Basislager Forelle» aus zu erreichen. Seis auf die Mesmeralp (1613 Meter über Meer), die Ebenalp (1644 Meter über Meer) oder zur prähistorischen Höhle und Einsiedelei Wildkirchli/Äscher (1454 Meter über Meer). Immer braucht es gutes Schuhwerk, nie braucht es ein Picknick. Wohin

Ein Bad im Bergsee: Für manche schon abenteuerlich genug.

der Weg auch führt, es erwartet einen ein freundliches Berggasthaus. Die meisten davon werden seit Generationen von derselben Familie geführt. Das Angebot ist immer liebevoll zubereitet und man spürt sofort, die Berggasthäuser im Alpstein sind ein lebendiges Stück traditioneller Appenzeller Bergkultur.

Heute auf dem Menü: selbst gefangene Forellen

Ein Wochenende auf der Seealp ist aber nicht nur für Berggänger mit «hochstrebenden Zielen» attraktiv. Auch stille Geniesser, dem Sport abholde Romantiker und geduldige Selbstversorger kommen hier auf ihre Kosten. So vermag etwa eine gemächliche Ruderpartie zu zweit auf dem Seealpsee auch beim coolsten Unterländer romantische Gefühle zu wecken.

Festen Boden unter den Füssen behalten muss dagegen, wer für sein Abendessen selbst besorgt sein will: Jeder, der ein Tagespatent gelöst hat, kann vom Ufer aus den Köder ins Wasser hängen und hoffen, dass die prächtigen Bergforellen beissen. Kein Sport für nervöse Gispel. Beim Warten auf das viel versprechende Ruckeln an der Angel kann einen eine fast meditative Ruhe befallen, die den paradoxen Effekt hat, dass es, je länger man wartet, immer weniger wichtig wird, ob schliesslich ein Fisch am Haken hängt oder nicht. Wer Petri Heil erfährt, muss blitzschnell handeln und zuallererst das Metermass zücken: 26 Zentimeter vom Kopf bis zur Schwanzspitze ist Mindestmass, damit die Forelle abends, von Rony Fritsches Küchenteam zubereitet, den glücklichen Fänger erfreuen kann. Wer nicht des Anglerlateins verdächtigt werden will, kann seinen Fang auch vakuumiert und tiefgekühlt als «Beweis» nach Hause nehmen.

Tandemflug zurück in den Alltag

Wandern, klettern, rudern, fischen – die irdischen Genüsse sind für den Samstag vorgesehen. Am Sonntag gehts in die Luft. Nach dem Frühstück wird der Rucksack gepackt. Eine Wanderung von etwas mehr als zwei Stunden führt auf gesicherten Wegen zum Berggasthaus Äscher und den prähistorisch aufschlussreichen Wildkirchli-Höhlen, wo einst riesige Bären hausten. Von 1658 bis 1853 dienten die Höhlen Eremiten als Zufluchtsort, davon zeugen die kleine Höhlenkapelle und die Klause. An den Bärengräbern vorbei kommt man zum oberen Ausgang. Von dort ist es nur noch ein Katzensprung bis zur Ebenalp.

Dank seiner geographischen Lage und seiner spezifischen Thermik ist das Säntismassiv ein Mekka für Gleitschirmflieger. Wegen seiner Topografie ganz besonders geeignet und dementsprechend beliebt ist das Hochplateau der Ebenalp, das von Wasserauen aus bequem mit der Seilbahn zu erreichen ist. Genau der richtige Ort, um als Krönung dieses Wochenendes ohne teure Flugstunden den Traum vom Fliegen wahr werden zu lassen. Verschiedene seriöse und mit den lokalen Gegebenheiten bestens vertraute Flugschulen bieten Passagierflüge mit Tandemgleitschirmen an. Gut instruiert vom ausgebildeten Tandempiloten schwebt man, sozusagen in den Armen eines Luftgottes, sanft nach Wasserauen zurück. Kann die Rückkehr in den Alltag schöner sein?

PS. Nicht minder sanft und sicher, aber nicht ganz so abenteuerlich ist die Fahrt mit der Schwebebahn zurück nach Wasserauen.

Die sanfte Tour: Mit dem Gleitschirm am Berggasthaus Wildkirchli/Äscher vorbei zu Tale schweben.

Was wo wie viel

Unterkunft Berggasthof Forelle, Wasserauen, Familie Rony Fritsche, Tel. 071 799 11 88. info@gasthausforelle.ch, Saisonbetrieb: Ende April bis Anfang November. Doppelzimmer mit Seeblick 120 CHF inkl. Frühstück, Doppelzimmer mit Halbpension, 180 CHF. www.gasthausforelle.ch

Anreise Mit der Appenzeller Bahn von Gossau oder St. Gallen via Appenzell bis Endstation Wasserauen. Mit dem Auto über Appenzell, Weissbad nach Wasserauen. Parkplätze beim Bahnhof oder beim Restaurant Alpenrose. Ab Wasserauen zu Fuss die Direttissima auf die Seealp (50 Minuten, 300 Höhenmeter) oder dem Bergbach entlang via Alp Hütten (1$^1/_2$ Stunden). Rucksack als Gepäck empfehlenswert.

Berggasthäuser Äscher, Tel. 071 799 11 42, www.aescher-ai.ch

Mesmer, Tel. 071 799 12 55, www.mesmer-ai.ch

Meglisalp, Tel. 071 799 11 28, www.meglisalp.ch

Säntis, Tel. 071 799 11 60, www.berggasthaus-saentis.ch

Schäfler, Tel. 071 799 11 44, www.schaefler.ch

Ebenalp, Tel. 071 799 11 94, www.ebenalp.ch

Fischen Saison: 1. Mai–15. September, Tagespatente 48 CHF, zu bestellen bei Einwohnerkontrolle, Marktgasse 2, 9050 Appenzell, Tel. 071 788 95 21, einwohnerkontrolle@ai.ch. Schutzbestimmungen: Angeln nur vom Ufer aus, Mindestmass 26 cm, Maximum fünf Fische pro Tag.

Rudern Berggasthaus Forelle vermietet Ruderboote 4 CHF/halbe Stunde.

Wandern Landeskarte 1:25 000 Säntis (1115). Wanderliteratur und zuverlässige Routenbeschreibungen bei Appenzellerland Tourismus AI, Tel. 071 788 96 41, info.ai@appenzell.ch. www.appenzell.ch.

Passagierflug Flugschule Appenzell, Appenzell, Tel. 071 799 17 67. www.gleitschirm.ch. 10–18 Uhr. Info-Band 071 799 17 66 gibt ab 7.30 Uhr Auskunft, ob gestartet werden kann. Passagierflug ins Tal (10–20 Minuten, Zeitaufwand insgesamt 1$^1/_2$ Stunden): 190 CHF Thermikflug (20–60 Minuten): 280 CHF High End Flug (5 Stunden): 580 CHF.

Seilbahn Ebenalp-Wasserauen. Fahrten alle 10 bis 15 Minuten. 7.30–18 Uhr, Juli/August bis 19 Uhr, Fahrpreis Erwachsene 27 CHF. www.ebenalp.ch

Besichtigung Wildkirchli-Höhlen, täglich zu besichtigen, Eintritt frei.

Museen Alpsteinmuseum, Wechselausstellungen und kulturelle Aktionen in über 20 Berggasthäusern im Alpsteingebiet. Informationen: www.alpsteinmuseum.ch

Museum Liner, Unterrainstrasse 5, Appenzell. Tel. 071 788 18 00. Samstag/Sonntag 11–17 Uhr. www.museumliner.ch

Appenzeller Museum, Hauptgasse 4, Appenzell, Tel. 071 788 96 31, Öffnungszeiten: täglich 10–12 und 14–17 Uhr. 2. Stock: Dauerausstellung zur Geschichte des Tourismus in Appenzell. www.museum.ai.ch

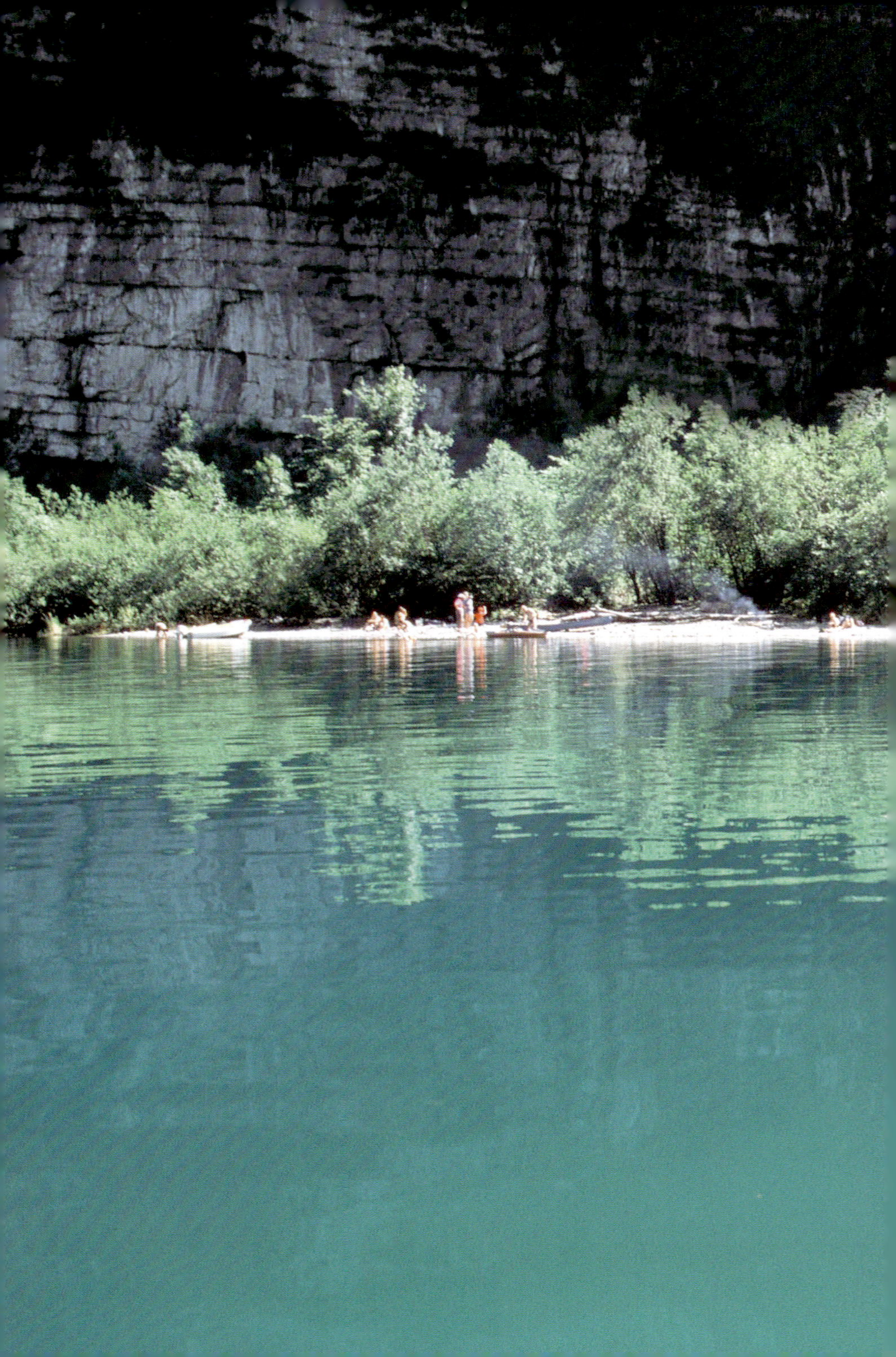

OST- UND ZENTRALSCHWEIZ   TIPP **6**

Glarnerland
Das sonnige Ende der Welt

Unterkunft Gasthaus Richisau. Gemütliches Hotel mit fünf Zimmern, drei davon mit eigenem Bad, sowie Mehrbettzimmern auf der Alp Richisau zuhinterst im Klöntal.
Verpflegung im Gasthaus Richisau, Picknick oder in Restaurants an den Ausflugsorten.
Anreise Mit der Bahn bis Glarus, von dort mit dem Postauto bis zum Hotel. Oder mit dem Auto.

1. Tag Wanderung den Klöntalersee entlang. Picknick unterwegs. Rückfahrt nach Vorauen mit Postauto, Besichtigung der Bergkirche.
Langschläfer Teilstrecke den See entlang, Rückkehr auf demselben Weg. Oder Boot mieten in Vorauen und paddeln oder rudern auf dem See.
Schlechtwetter Am Kachelofen sitzen und ein Buch lesen.

2. Tag Fahrt mit dem Zug bis nach Linthal, Velotour auf der Textilfabrikroute, dem Industrieweg von Linthal bis Glarus, Mittagessen im Hotel Restaurant Adler in Schwanden.
Langschläfer Fahrt nach Kies, mit der Seilbahn auf die Mettmenalp und um den Garichtesee wandern (je nach Route 1–2 Stunden).
Schlechtwetter Besuch des polysportiven Zentrums Lintharena in Näfels (Kletterwand, Hallenbad etc.) und Besichtigung des Textilmuseums im Freulerpalast.

Sommerfrische Richisau

Die Wirklichkeit entspricht, wie so oft beim Reisen, nicht dem Prospekt: Das grüne Wasser des Klöntalersees stösst noch lange nicht an den Waldrand. Der Wasserstand ist so tief, dass der ganze See von einer breiten Sandbank umrahmt ist. Umso besser: Richtiges Sommerferiengefühl kommt auf, wenn man so über das Tal blickt, auf all die Boote, die im Wasser liegen, die Hobbyfischer, die ihre Angeln auswerfen.

Die Alp Richisau liegt im Hinterklöntal, jenseits des Sees, dessen linkem Ufer entlang sich die schmale Strasse schlängelt und auf der Vorsicht geboten ist: Eine dreieckige Tafel warnt die Autofahrer vor Fröschen auf der sechs Kilometer langen Strecke. Wer nicht am Steuer sitzen muss, geniesst derweil den Blick auf das mächtige Glärnischmassiv, das als Kulisse den See am gegenüber liegenden Ufer abschliesst. Die Nordwand des Vorderglärnisch, das Vrenelisgärtli, der Ruchen, der Führberg und der Näbelchäppler bilden eine bis 2000 Meter hohe Mauer. Am Ende des Sees blitzen die Dächer der Wohnwagen auf dem Campingplatz Vorauen im Sonnenlicht. Dann geht es bergauf, an Bauernhöfen vorbei, durch einen lichten Wald bis zur letzten Alp vor dem Pragelpass, der Richisau. Hier ist die öffentliche Strasse zu Ende. Das Postauto, das in den Sommermonaten täglich

**Seite 50: Glitzert hier der versunkene Schatz? Sommer am Klöntalersee.
Unten: Endstation: Hafen beim Campingplatz Vorauen.**

ein paar Mal von Glarus hochfährt, macht hier kehrt. Hinter dem Parkplatz liegen nur noch die Alpweiden, die auf drei Seiten von felsigem Berg umrahmt werden. Ein Ende der Welt, und im Gegensatz zu anderen Enden ein sehr sonniges.

Im Glarnerland gilt normalerweise Tierfehd hinter Linthal als Ende der Welt. Dort steht das Hotel Tödi, in dem Karl Kraus den Epilog zu «Die letzten Tage der Menschheit» schrieb. Inspiriert hat ihn die apokalyptisch-dramatische Szenerie, die er auch in einem dunklen Gedicht beschreibt: «Hier ist das Ende», heisst es dort.

Thierfehd ist hier: das sagt dem Menschsein ab, dass er es werde –
wie an der Wand empor zum Himmel reicht die Erde.
Was hinter uns, war schwer. Hier ist es leicht.
Die Welt verläuft in einem grünen Grab.

Ein Stern riss mich aus jenes Daseins Nacht in neue Tage.
Fern webt von blutiger Erinnerung
die Sage.
Der weltbefreite Geist ist wieder jung,
nichts über uns vermag die Menschenmacht.

Du Tal des Tödi bist vom Tod der Traum.
Hier ist das Ende.
Die Berge stehen vor der Ewigkeit
wie Wände.
Das Leben löst sich von dem Fluch der Zeit
und hat nur Raum, nur diesen letzten Raum.

Kulturbeflissene pilgern deshalb häufig nach Tierfehd, um im Schatten von Tödi und den Elektromasten des Kraftwerks etwas vom Geist des berühmten Literaten zu erhaschen.

Hier traf sich Adel und Kultur zur Molkekur
Wie viel freundlicher dagegen ist das Ende der Welt in Richisau. Auch hier lässt sich der Geist berühmter Künstler nacherleben. Landschaftsmaler des 19. Jahrhunderts liessen sich von den sonnigen Matten mit den lichten Ahornbäumen inspirieren. «Da liegt ein Werkplatz, wo die Natur ihre Schönheiten zusammengetragen hat und die Maler herkommen, sie ihr

Auffallend schön und funktional:
Das 1987 erbaute Gasthaus Richisau.

abzulauschen», heisst es in einem Glarnerland-Führer von 1912. Die Maler Johann Gottfried Steffan, Friedrich Volz, Gustav Ott und Rudolf Koller schufen hier bekannte Werke, die heute in deutschen und Schweizer Museen zu bewundern sind. Hermann Götz schrieb hier an seiner komischen Oper «Der Widerspenstigen Zähmung» und der Dichter Conrad Ferdinand Meyer traf hier den berühmten Schweizer Geologen Albert Heim, dem im Gasthaus Richisau ein Saal gewidmet ist.

Das Haus Richisau steht an der sonnigen Stelle, an der 1874 ein Kurhotel errichtet worden war und das mit seinen Schotten- und Molkenkuren eine illustre Gesellschaft aus Künstlern, Wissenschaftlern und Adligen anzog. 1915 brannte das Anwesen ab. Der heutige Bau stammt von 1987 und wird wegen seiner auffälligen Architektur vom Heimatschutz zu den schönsten Hotels der Schweiz gezählt. Das Gasthaus ist aus drei aneinander gebauten Berghütten konstruiert mit drei steilen Giebeln und einem dreigeteilten Innern. Holzstapel, wie sie im Klöntal an den Waldrändern zu sehen sind, sind vor dem Haus geometrisch aufgeschichtet und bilden Teil der zweckmässigen Architektur. Wie drei freche Zwerge mit Zipfelkappen trotzt die Gebäudegruppe der wuchtigen Bergwelt. Und trotz Kachelöfen, roten Fensterläden und Sichtbalken herrscht keine Spur von falscher Rustikalität, sondern schlichte, freundliche Wärme und viel Licht bestimmen die Atmosphäre.

Fünf Doppelzimmer mit Bad bietet das Haus – auch diese durchwegs mit Sichtgebälk. Wer es einfacher mag, kann eines der günstigen Zimmer mit Kajütenbetten mieten, die sich im Kellergeschoss befinden. Das kulinarische Angebot richtet sich an die Hauptkundschaft: Wanderer und Einheimische ohne Lust auf Firlefanz. Selbst gemachte Rhabarberwähe oder Rhabarbermus gibts zum Kaffee, und die Zigerhörnli stehen auf der Speisekarte noch vor den Spaghetti.

Und tief unten glitzert Suworows Schatz

Wer bereits nachmittags, wenn das Sonnenlicht noch durch die Ahornbäume im Gartencafé scheint, in die Richisau gefunden hat, der möchte eigentlich nicht mehr weg. Zu schön lässt sich hier nichts tun und nur durch die Blätter in die Sonne blinzeln. Doch die Landschaft um den Klöntalersee verdient es, dass man sich aufrafft und eine Wanderung unternimmt. Der Weg von Vorauen bis nach Rhodannenberg am anderen Ende des Sees führt dem rechten Ufer entlang und nimmt rund vier Stunden in Anspruch. Doch schon nach kurzer Zeit unterwegs, wird augenscheinlich, warum das Klöntal von so vielen Dichtern und Künstlern besungen wurde und noch wird. Und wer lange genug ins spiegelglatte Wasser des Sees schaut, sieht auf dem Grund die Kriegskasse von General Suworow glitzern, der 1799 über den Pragelpass durch das Klöntal geflohen ist. Unzählige Taucher haben seither versucht, den russischen Schatz im See zu finden, bislang ohne Erfolg. Von Rhodannenberg bringt einen das Postauto zurück ans sonnige Ende der Welt.

Wer weniger ambitioniert ist, absolviert nur eine Teilstrecke, oder er mietet sich beim Campingplatz Vorauen ein Boot und paddelt damit auf das grüne Wasser hinaus. So oder so: Der See muss besucht sein. Alle anderen Wanderungen führen im Klöntal, wie in den meisten Regionen des Glarnerlands, schnell steil in die Höhe, erfordern Kondition und vor allem Zeit und enden meist ganz woanders.

Von Kies ins Gebirge

Es lohnt sich allerdings, in die Höhe zu gehen. Ein besonders schöner Weg dafür liegt oberhalb von Schwanden, in Kies. Eine romantische Bergstrasse führt hinauf, ein schmales Band, das sich durch den Wald zieht und bergwärts von moosbedeckten Stützmauern, talwärts von naturbelassenen Steinpfosten begrenzt wird. Von Kies auf 1045 Metern über Meer führt eine

Der Wanderweg um den Garichtesee führt über die beiden Staumauern.

Seilbahn hoch zum Garichtesee auf der Mettmenalp, einem weiteren Stausee auf 1600 Meter über Meer. Eine Tafel informiert minutiös über alle Details der Seilbahn: 1230 Meter lang ist sie, maximal 91 Meter über Boden fährt sie, und auch der Durchmesser des Seils ist vermerkt: 22 bzw. 28 Millimeter. Ist das viel? Die Platzangabe «21 Personen pro Kabine», erweist sich jedenfalls als zu grosszügig. Von den 18 deutschen Schülern, die mit Gepäck und Kletterseilen zum Naturfreundehaus unterwegs sind, passen nur gerade zehn hinein, dann ist voll. Immerhin schafft man es dann aber im dritten Anlauf, an der unbemannten Bergstation die Kabinentür zu öffnen und auszusteigen.

Der Garichtesee hat zwei Staumauern, einen am vorderen Ende und eine dem rechten Ufer entlang. Rundherum führt ein breiter Wanderweg, der in einer Stunde zu bewältigen ist. Längere Wege führen bergwärts zur Leglerhütte oder über den Berg zum Berglimattsee, wo ein findiger Glarner «Wellness uf dr Alp», sprich Molkebäder im Holzzuber anbietet.

Exkursionen ins älteste Wildschutzreservat Europas

Alle Wege sind sehr gut ausgeschildert und gepflegt, an manchen Ecken vielleicht fast zu gepflegt, auch hier geht offenbar nichts mehr ohne Sponsoring. Eine luxuriöse Feuerstelle mit passenden Holzbänken und Tischen erwartet einen schon nach fünf Minuten, unweit der Staumauer. Für einmal stammt sie nicht von der «Schweizer Familie», sondern ist, wie eine

Metallplakette verkündet, von Mitarbeitern der Glarner Kantonalbank in einem Teambildungsseminar erbaut worden.

Die Mettmenalp liegt im ältesten Wildschutzreservat Europas, dem Reservat Freiberg Kärpf, das schon 1548 urkundlich erwähnt wurde. Wer Steinböcke, Gemsen, Hirsche und Adler sehen möchte, muss allerdings früh aufstehen. In der Morgendämmerung führen Wildhüter Interessierte an die besten Plätze. Dazu muss man allerdings eine Übernachtung im Berghaus einplanen – oder eines der Daten treffen, an denen die Luftseilbahn schon um sechs Uhr die ersten Gäste zu einer Wild- und Botanikexkursion hochfährt. Solche Touren unter kundiger Führung werden jeweils einmal pro Monat durchgeführt.

Auf der Terrasse des Berggasthauses Garichtsee kann man sich bei einem Glarner Pastetli auf die Rückkehr ins Unterland einstimmen. Bis nach Glarus sieht man von hier aus und weiter das Tal hinunter bis zur Linthebene. Gut erkennbar ist auch eine für das Glarnerland charakteristische Erscheinung, die quasi als Talalternative zur Bergwanderung besichtigt werden kann: die mächtigen Gebäude der Glarner Textilfabriken. Wie gestrandete Ozeandampfer liegen sie quer in der engen Talsohle.

Hier bezog die Welt ihren Stoff

Der Glarner Industrieweg führt entlang diesen Zeitzeugen durch das ganze Tal. Eine bequeme Route auch für wenig geübte Radwanderer. Man nimmt bis nach Linthal den Zug, und von da an geht es nur noch bergab. Sechzig Objekte gibt es auf dem Weg zu erkunden, zwei Drittel davon sind mit Informationstafeln versehen. Sie erzählen die heute fast unglaubliche Geschichte über Aufstieg und Niedergang der regionalen Textilindustrie: Wie findige Glarner Industrielle die Kraft des Wassers entdeckten und merkten, dass sich damit ganze Fabriken betreiben liessen; wie sie sich die Wasserrechte an der Linth sicherten und das Tal schliesslich zu einem Zentrum der Textilindustrie wurde. Turbane wurden gefertigt und Kopftücher gingen bis nach Afrika und in den Orient. Die Glarner Stoffbarone liessen ihre Kreateure in der ganzen Welt herumreisen, um die ersten zu sein, die neue Modetrends umsetzten.

Aufstieg und Fall: Der Industrieweg zeichnet die Entwicklung der Glarner Textilindustrie nach.

Heute ist die Textilfabrikation nur noch ein kleiner Teil der Industrie. In den meisten Fabriken wird aber nach wie vor gearbeitet. Einige dienen als Werkräume für Kleingewerbe, in anderen haben sich Schreinereien oder sonstige Handwerksbetriebe eingemietet, weitere werden als Kulturraum genutzt. Und einige stehen leer – bis vielleicht das Loftfieber auch das Linthtal erreicht und die Business Area Linthland, ein mit viel Marketingaufwand vorangetriebenes Entwicklungsprojekt, genug Jungvermögende ins Tal schwemmt, die ohne 1000-Quadratmeter-Loft nicht mehr leben können. Es lohnt sich also, sich die Fabriken heute noch anzusehen.

**Lofts statt Stoff: Die leeren Textilfabriken im Glarner Hinterland werden heute umgenutzt.
Seite 59: Klettern in der Lintharena.**

Was wo wie viel

Unterkunft Gasthaus Richisau, Klöntal.
Tel. 055 640 10 85, Fax 055 640 32 72.
Doppelzimmer mit Dusche ab 120 CHF,
mit Etagendusche 70–110 CHF.
Einzelzimmer 80 CHF.

Anreise Mit Bahn via Ziegelbrücke bis Glarus,
dort auf Postauto umsteigen. Mit dem Auto:
A3 bis Ausfahrt Niederurnen, auf Kantonsstrasse
bis Glarus, dort rechts Richtung
Klöntal. Das Gasthaus Richisau liegt am Ende
der öffentlichen Strasse.

Restaurants Gasthaus Richisau, Adresse siehe
Unterkunft.

Hotel Restaurant Adler, Schwanden.
Tel. 055 644 11 71.

Biken An der Station Linthal-Braunwaldbahnen,
Tel. 055 653 65 60, können SBB-Velos
gemietet und an einem beliebigen Bahnhof
wieder abgegeben werden. Miete 38 CHF/Tag,
Reservation empfehlenswert. Auch online
unter www.rent-a-bike.ch möglich.

Bootsmiete Camping Vorauen.
Tel. 055 640 48 59 (1. Mai bis 30. September).
Je nach Bootstyp ab 20 CHF/Stunde.

Ausflüge Glarner Industrieweg. Routenkarte
«Glarner Industrieweg» erhältlich in
Buchhandlungen und touristischen
Informationsstellen, 12 CHF. VCS Velokarte
(Blatt 5), Routenführer Veloland (Route 4).

Wandern Mettmenalp, Luftseilbahn Kies
Mettmen, Tel. 055 644 20 10.
Fahrzeiten: täglich 8–17 Uhr, alle 30 Minuten,
Juli–September: Samstag/Sonntag 7–20 Uhr.
Extrafahrten nach telefonischer Absprache.
Retourfahrt: 15 CHF, Kinder 10 CHF.
www.mettmen-alp.ch
www.glarnerwanderwege.ch

Reservat Freiberg Kärpf. Informationen und
Exkursionsprogramm: www.mettmen-alp.ch

Lintharena Näfels, Tel. 055 618 70 70.
Öffnungszeiten Wochenende: 8.30–18.30 Uhr.
Eintritt Hallenbad 7 CHF, Sauna 15 CHF,
Kletterhalle 20 CHF. www.linth-arena.ch

Museum Freulerpalast, Museum des Landes
Glarus, Näfels, Tel. 055 612 13 78,
info@freulerpalast.ch. Öffnungszeiten 1. April
bis 30. November: Dienstag bis Sonntag
10–12 und 14–17.30 Uhr.
Eintritt 6 CHF, Kinder 3 CHF.

Allgemeine Informationen Touristinfo
Glarnerland, Raststätte A3, Niederurnen,
Tel. 055 610 21 25, info@glarnerland.ch.
www.glarusnet.ch

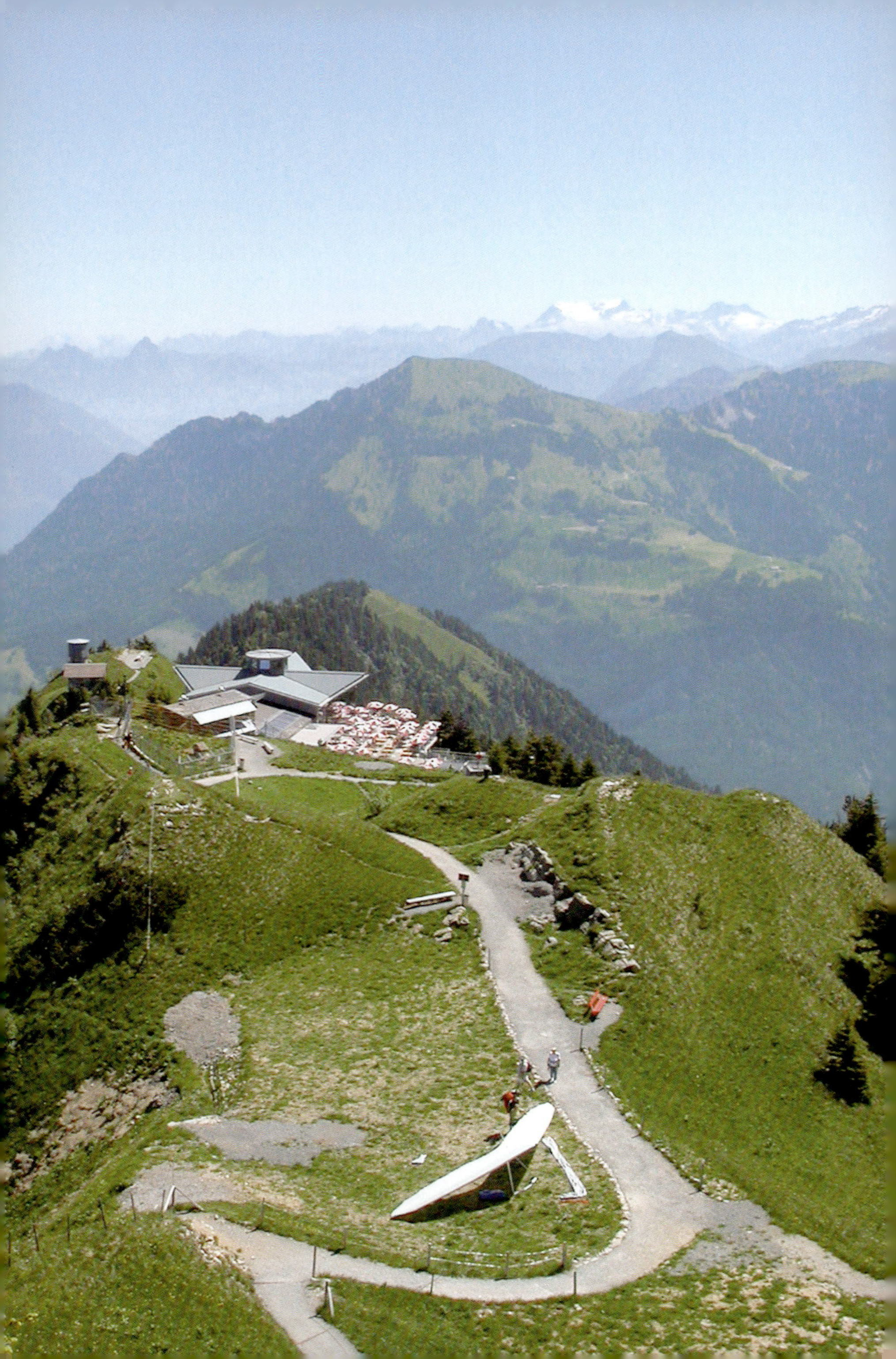

OST- UND ZENTRALSCHWEIZ   TIPP **7**

Obwalden
Hier steht jeder im Mittelpunkt

Unterkunft Gasthaus und Chalet Paxmontana in Flüeli-Ranft. Historisches Jugendstilhotel mit 100 Treppen und 200 Betten, einer grossen Veranda mit Panoramablick über Obwalden, frischer Küche und einem Geschenkladen mit Obwaldner Spezialitäten.
Anreise Mit der Bahn bis Sachseln, von da mit dem Postauto. Oder mit dem Auto.
Ankunft Apéro auf der Terrasse.

1. Tag Besuch der Klause von Bruder Klaus, Fahrt zum Mittelpunkt der Schweiz, der Älggi-Alp, und Skatertour um den Sarnersee.
Langschläfer Skatertour weglassen.
Schlechtwetter In der Veranda sitzen und das Buch über die Geschichte des Paxmontana oder etwas über Bruder Klaus lesen.

2. Tag Fahrt nach Lungern, Bergfahrt nach Schönbüel und Wanderung auf dem Schmetterlingspfad (4 Stunden), Picknick.
Langschläfer Kurzvariante des Schmetterlingspfads oder Fahrt auf das Stanserhorn.
Schlechtwetter Frühe Abreise und Besuch des Verkehrshauses Luzern.

Auftanken in echtem Jugendstil

Stünde das Gebäude in einer touristischen Metropole wie Davos oder Montreux, wäre es schon lange von trendbewussten Travellers überrannt und durch einen Vertreter des modernen Minimalismus zu Tode design worden. Doch zum Glück thront das Paxmontana in Flüeli-Ranft, weitab von Trendsettern und umtriebigen Touristikern. Zwar haben auch hier schon berühmte Häupter gelebt und logiert. Doch sie waren in einem ganz anderen Sinne bekannt als all die Leute, die in Klosters oder Verbier von sich reden machen: Der Friedensheilige Bruder Klaus wuchs im 15. Jahrhundert in Flüeli auf und lebte hier im Ranft in einer Zelle. Noch heute ist sie Wallfahrtsort. Der Bauernsohn, Ratsherr, Ehemann und Vater von zehn Kindern legte mit 48 Jahren alle Ämter nieder und zog sich in eine Klause zurück, wo er zwanzig Jahre ohne Essen und Trinken als Einsiedler lebte und den Leuten, die mit Sorgen zu ihm kamen, Mut zusprach und Ratschläge erteilte. Bruder Klaus starb 1487. Schon zu Lebzeiten verehrte man ihn wegen seines Fastens wie einen Heiligen. 1649 wurde er selig gesprochen. Trotz verschiedener Anstrengungen wurde er aber erst nach dem Zweiten Weltkrieg, an Christi Himmelfahrt 1947, heilig gesprochen.

Ein anderer berühmter Mann kam wegen Bruder Klaus hierher: Papst Johannes Paul II. predigte am 14. Juni 1984 in Flüeli-Ranft vor 10 000 Gläubigen. Ein Foto dieses Ereignisses hängt vor der Kapelle im Hotel.

Auch einen Damensalon gibt es in diesem altehrwürdigen Gebäude, wie es die gute Hoteltradition früher verlangte. Die Räumlichkeiten strahlen historischen Glanz aus – sie wurden und werden nach denkmalpflegerischen Grundsätzen renoviert. Das Mobiliar hat sich aller-

Seite 60: Gipfel der Faulheit:
Das Stanserhorn-Panorama können auch Nichtwanderer geniessen.
Unten: Von Trends unbehelligt:
Hotel Paxmontana in Flüeli-Ranft.

dings dem heutigen Geschmack weitgehend angepasst: Moderne Holzstühle, glänzende Chintzpolster, und auf der Sonnenterrasse stehen in grossen Töpfen ein paar Palmen.

Das Paxmontana darf sich «Historisches Hotel» nennen und ist als solches von der Denkmalpflege Icomos, einer Untergruppe der Unesco, ausgezeichnet worden. Und doch sind die Preise moderat. Die Zimmer sind eher einfach, das Haus hat drei Sterne – trotz Parkett- und Terrazzoboden, Brüstungstäfer, dekorativen Malereien und reichen Stuckaturen, trotz wechselndem Interieur in der Lobby, der Bibliothek, dem Damen- und Herrenspielzimmer, dem Vestibül und dem Rosensalon, trotz gerafften Seidenvorhängen im Restaurant und der langen gedeckten Veranda, die einen Panoramablick über den ganzen Kanton Obwalden bietet.

Wallfahren, walken oder wandern

Das Aktivitätenprogramm bietet unter anderem Nordic Walking und Malkurse. Farb- und Stilberatungen sind geplant, dazu Unterricht in der Kreation von Modeschmuck. 2005 ist ein Kuschel-Angebot dazugekommen, eine Zweitagespauschale mit noblem Picknick wie vor hundert Jahren, sanften Klängen und milden Düften in der gefühlvollen Atmosphäre des historischen Jugendstilhotels. Doch die meisten Gäste schätzen einfach die Ruhe und entspannende

Einkehr mit Bruder Klaus: Kapelle und Klause des heilig gesprochenen Obwaldners.

Jakob oder Bruder Klaus?
Viele Wege führen nach Flüeli-Ranft.

Atmosphäre des Hotels. Die Zimmer sind absichtlich ohne Radio und Fernseher eingerichtet. Man ist also auch da sich selbst überlassen und seiner Ruhe oder Unruhe, die es loszuwerden gilt.

Einen guten Anfang macht man mit dem Besuch der Klause von Bruder Klaus. Verschiedene Pilgerwege führen da hin, einer von Alpnach, einer von Stans. Ein Wallfahrtsweg führt von Christerli über die Stöckalp und Melchtal nach Flüeli, und ein Visionenweg verbindet das Geburtshaus von Bruder Klaus mit seinem Grab. Wer im Paxmontana logiert, kann vor der Ankunft der ersten Pilger losgehen und bei einem 45-minütigen Rundgang ganz allein die Kraft des Ortes auf sich wirken lassen. Der Weg führt vom Wohnhaus von Bruder Klaus in Flüeli zum Ranft, der Melchaa entlang flussabwärts und über den Waldweg zurück zum Hotel. Die Eremitenklause aus Holz liegt zwischen steilen Hügeln. Man sagt der Gegend eine starke energetische Ausstrahlung nach. Ranft gilt als so genannter Kraftort, in einem Netz von Kraftlinien, die sich über den Globus erstrecken. Die vielen Besucher hätten die Kraft allerdings abgeschwächt, sagen Experten, doch ganz verschwunden sei sie nicht.

Die Mitte gefunden

Fünf verschiedene Rundwege bieten sich ab Flüeli an, um auf den Spuren von Bruder Klaus zu wandeln. Der kürzeste nimmt knapp zwei Stunden in Anspruch und führt von Flüeli nach Ranft, der Möslikapelle, St. Niklausen, die Hohe Brücke, die höchste Holzbrücke Europas, und wieder zurück nach Flüeli. Die längste Wanderung dauert zwei Tage und verbindet die Stätten von Bruder Klaus mit einem anderen besonderen Ort, der ein paar Kilometer weit weg von der Klause, hoch auf der Alp Älggi liegt: der geografische Mittelpunkt der Schweiz, den das Bundesamt für Landestopografie berechnet hat. Eine elegante Metallpyramide markiert den Ort. Allein ihretwegen kommt aber niemand hierher: Die Anreise ist es, die den Ausflug so lohnenswert macht. Eine idyllische schmale Bergstrasse führt an Magerwiesen und Alpen vorbei in die Höhe. Sie ist so schmal, dass an Wochenenden die Zufahrt limitiert wird: Zu allen geraden vollen Stunden darf von unten hochgefahren werden, zu allen ungeraden rollt man von oben talwärts.

Geografischer Mittelpunkt der Schweiz: Älggi-Alp ob Sachseln.

Im Restaurant des Berghotels Älggli-Alp geniesst man dann bei einem währschaften Obwaldner Plättli das seltsame Gefühl, im Mittelpunkt der Schweiz zu sitzen. Wer es gerne sportlich mag, macht sich auf, den Talboden zu erkunden: Rundum den Sarnersee führt ein für Inlineskates geeigneter Uferweg. Geübte Skater schaffen es in 45 Minuten, gemütlichere Roller nehmen sich zwei Stunden Zeit dafür. Wichtig ist in jedem Fall aber, abends wieder zurück im Paxmontana zu sein. Denn bei einem guten Glas Wein den Blick von der Veranda auf das nächtliche Obwalden geniessen, das sollte man sich nicht entgehen lassen.

Ein Berg zum Faulenzen

Einen herrlichen Rundblick bietet ein anderes Ausflugsziel in der Nähe von Stans: Das Stanserhorn, auf dem seit ein paar Jahren ein drehbares Restaurant thront. Die Website zeigt einen sternförmigen Glasbau. Wie sich so etwas wohl dreht? Die Antwort ist einfach und zugleich für viele enttäuschend: In 45 Minuten einmal um die eigene Achse dreht sich nur der innerste Teil der Plattform, nicht aber die Fensterplätze. Da lohnt es sich doch, auf die Panoramaplattform auf dem Gipfel zu steigen, der zehn Gehminuten von der Bergstation entfernt liegt. Von hier sind Säntis, Glärnisch,

**Hier dreht sich nur das Restaurant:
Faulenzerzone auf dem Stanserhorn.**

Urirotstock, Finsteraarhorn, Eiger, Mönch und Jungfrau zu erkennen, um nur die bekanntesten Berge zu nennen. Zudem sieht man bei guter Fernsicht zehn Seen. Am Wochenende kann man sich auch hinaufkarren lassen. Das Stanserhorn wird nämlich als «Faulenzerberg» angepriesen. Auf der Terrasse des Restaurants stehen in einer Faulenzerzone ein Dutzend Liegestühle bereit. Das Panorama wird Interessierten via Tonband erläutert, so entfällt die Mühe des Lesens und auch das «Gipfelstürmen» bleibt dem Faulenzer erspart: Moderne Kulis transportieren ihn zuoberst aufs Stanserhorn. Und um die Sache komplett zu machen, wurde ein Club der führenden Faulenzer gegründet, der auch den «Faulenzer des Jahres» wählt. Das mag etwas übertrieben anmuten, doch es passt zum Stanserhorn. Schon bei der Bergfahrt wird nämlich klar, dass hier alles daran gesetzt wird, damit sich die Besucher wohl fühlen. Der Kontrolleur der Zahnradbahn begrüsst jeden Reisenden einzeln. Sein Kollege in der Luftseilbahn im oberen Streckenabschnitt überschlägt sich fast vor Freundlichkeit. Er will wissen, wer zum ersten Mal aufs Stanserhorn fährt, und erzählt dann den Neulingen das Wichtigste zu seinem Berg: Das Drehrestaurant sei jetzt rauchfrei, die Murmeltiere im Murmelipark unter dem Gipfel seien jetzt zu besichtigen, und sogar das Tagesmenü macht er den Gästen schmackhaft. Nein, hier kann niemand sagen, die Schweizer seien unfreundlich oder desinteressiert.

Zart beflügelt

Ein ruhigeres, aber mindestens ebenso lohnenswertes Ausflugsziel liegt im obersten Teil des Kantons, am Fusse des Brünigs: Lungern, und hier ganz speziell der Schmetterlingspfad, der von Turren, der Mittelstation der Bergbahnen Schönbüel, zum Lungernsee hinunterführt. Es ist ein ganz normaler Wanderweg, der sich mit einer natürlichen Gegebenheit der Region auseinander setzt: den Magerwiesen, die Schmetterlinge anziehen. Gerade deshalb ist der Pfad eindrücklicher als all die Zwergen-, Geister- und Witzwege, mit denen in den letzten Jahren die Schweiz flächendeckend überzogen wurde. Inszenierte Themenwege verstellen den Blick auf die Landschaft. Der Schmetterlingspfad dagegen öffnet den Wanderern die Augen für einen Teil der Natur, den sie bislang übersehen haben.

Entstanden ist der Pfad aus dem Projekt «Kulturlandschaft Lungern West», dessen Ziel ist es, nicht mehr genutzte Magerwiesen von der Verwaldung zu retten, indem man sie extensiv bewirtschaftet. 14 Hektaren Land wurden bislang gerodet und geschnitten und so wieder in blumenreiche Magerwiesen umgewandelt. Schmetterlinge bilden die Erfolgskontrolle: Je grösser und vielfältiger die

Magerwiesen mit reicher Fauna: Schmetterlingspfad bei Lugern. Kleines Bild: Kleiner Fuchs.

Magerwiesen, desto mehr Arten werden angelockt. Das Resultat kann sich sehen lassen: Neunzig verschiedene Schmetterlingsarten wurden im Gebiet bereits ausgemacht. Das ist einzigartig in der Schweiz. Zu verdanken ist dies auch der Topografie. Das Gebiet erstreckt sich über fast 1000 Höhenmeter und auf verschieden stark exponierte Hänge. So findet jede Art ihre bevorzugten Bedingungen. Für Wanderer ist das allerdings mit Anstrengung verbunden. Die kürzere von zwei Routen ist steil und recht anspruchsvoll, die längere führt zwar über bequeme Forstwege, doch sie dauert vier Stunden. Beide Wege enden am Lungernsee, der einem stets türkisfarbig entgegenschimmert. Je näher er rückt, desto mehr Schmetterlinge meint man zu sehen. Ein kleiner Fuchs setzt sich sogar lange genug auf eine Blume, um abgelichtet zu werden. Und ganz am Schluss, man meint, jetzt wohl alles gesehen zu haben, was heute herumflattert, da taucht er auf einer der letzten Lichtungen am Steilhang doch noch auf: Apollo, ein Prachtexemplar, gross und selten – der Falter, der als Logo des Schmetterlingspfads dient. Elegant segelt er auf Augenhöhe der Wanderer hin und her, als wüsste er, wie sehr sie ihn bewundern. Dann fliegt er bergwärts, verschwindet im Sonnenlicht, wo er herkam.

Wandern öffnet die Augen:
Blick auf Lungern- und Sarnersee.
Seite 69: Einfach oder retour?
Talstation in Stans.

Was wo wie viel

Unterkunft Jugendstil-Hotel Paxmontana, Flüeli-Ranft. Im Umbau bis Ende 2011. 17 Zimmer stehen zur Verfügung, weitere Zimmer sowie Restaurant im benachbarten Gasthaus Paxmontana. Doppelzimmer mit Frühstück ab 130 CHF, Halbpension 30 CHF. www.paxmontana.ch

Anreise Mit der Bahn bis Sachseln, von da mit dem Postauto. Mit dem Auto: Autobahn A2 Richtung Gotthard, Im Lopper (Pilatus) Abzweigung rechts auf A8 Richtung Sarnen/Interlaken, Ausfahrt Sarnen Süd/Sachseln, beim Kreisel links Richtung Sachseln, in der Dorfmitte Abzweigung links nach Flüeli-Ranft. Im Dorf links durch Pergola zum Hoteleingang oder Parkplatz.

Restaurant Drehrestaurant Rondorama, Stans, Tel. 041 629 77 33, rondorama@stanserhorn.ch www.stanserhorn.ch

Älggi-Alp. Tel. 041 675 13 62, info@aelggi.ch www.aelggi.ch

Besichtigung Bruder Klaus, Wohnhaus, Geburtshaus, Zelle, Klause und Ranftkapellen. Öffnungszeiten Mai bis September: 9.30–11.30 und 13.30–17.30 Uhr, April/Oktober: 9.30–11.30 und 14–16 Uhr. www.bruderklaus.com www.flueliranft.ch

Ausflüge Stanserhorn, Stanserhorn-Bahn Stans, Tel. 041 618 80 40. Bergfahrt alle 30 Minuten, einfache Fahrt 32 CHF, retour 64 CHF (Halbtaxabo gültig). www.stanserhorn.ch

Wandern Schmetterlingspfad Lungern-Schönbüel, Tel. 041 678 14 85. Mit dem Auto oder der Brünigbahn bis Lungern zur Talstation der Bergbahnen Lungern-Schönbüel. Mit der Panoramagondelbahn Lungern-Turren bis Turren. Fahrzeiten: 9–17 Uhr, alle 20 Minuten. Einfache Fahrt 18 CHF. Führer Schmetterlingspfad erhältlich an der Talstation für 5 CHF. www.panoramawelt.ch

Museum Verkehrshaus, Lidostrasse 6, Luzern, Tel. 041 370 44 44, Infoline 0848 85 20 20. Öffnungszeiten Sommer: 10–18 Uhr, Winter 10–17 Uhr. Eintritt 27 CHF, mit IMAX-Kino 37 CHF. www.verkehrshaus.ch

Allgemeine Informationen Sachseln/Flüeli-Ranft Tourismus, Hofstrasse 2, Sarnen, Tel. 041 666 50 40, info@flueliranft.ch. www.flueliranft.ch

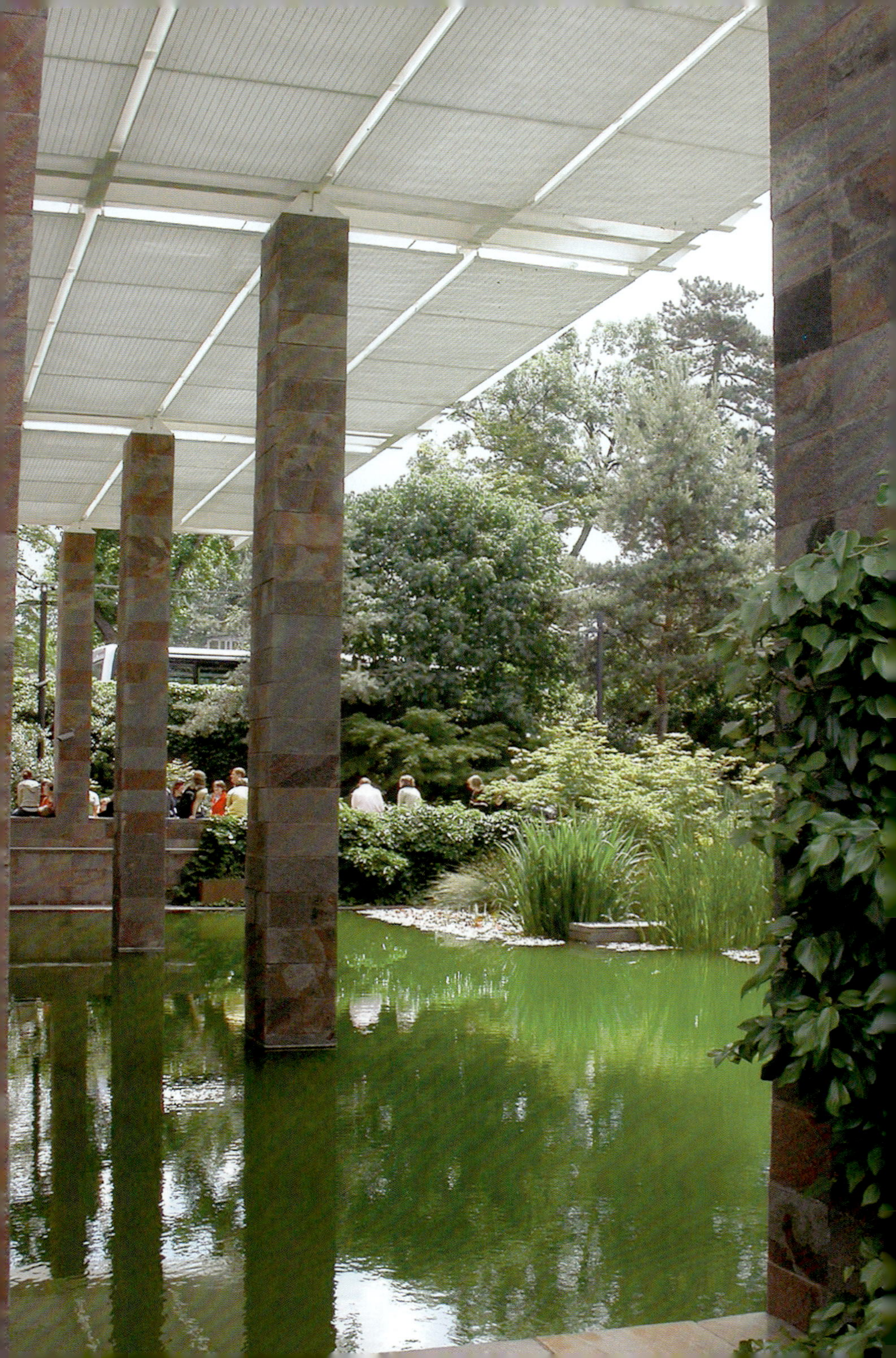

NORDWESTSCHWEIZ　　　　　　　　　　　　　　　　　TIPP **8**

Basel
37 auf 37 oder Kultur ohne Grenzen

Unterkunft Teufelhof, Kunsthotel mit Zimmern, die von Künstlern und Künstlerinnen gestaltet wurden. Weinstube und Gourmetrestaurant. Zentral, aber ruhig gelegen.
Anreise Mit Bahn bis Basel und mit dem Tram bis Musikakademie, Haltestelle in unmittelbarer Nähe des Hotels.
Ankunft Besuch der Weinstube und/oder des Gourmetrestaurants.

1. Tag Besuch der Fondation Beyeler (Tram Nr. 6). Auf dem Rückweg Besuch des Museums Jean Tinguely (Bus Nr. 36 ab Badischer Bahnhof oder zu Fuss zirka 15 Minuten), von dort mit Bus Nr. 31 bis Wettsteinplatz und mit Tram zurück ins Zentrum. Bummel durch die Stadt mit Besichtigung des Bankgebäudes von Mario Botta, der Kunsthalle und des Architekturmuseums.
Mittagessen im Bistro Chez Jeannot des Tinguely-Museums, Abendessen im Trendlokal Susu's an der Gerbergasse.
Nachtleben Jazzclub Bird's Eye oder Mad Max, Clubdisco mit Zutritt erst ab 28 Jahren.
Langschläfer Nur Fondation Beyeler und Museum Tinguely.
Schlechtwetter Programm eignet sich auch bei schlechtem Wetter.

2. Tag Besuch des Schaulagers, ein Bau von Herzog & de Meuron, in Münchenstein (Tram Nr. 10) und des Vitra Design Museums in Weil am Rhein (Bus Nr. 55 ab Badischer Bahnhof, Achtung: fährt sonntags nur 11.19 Uhr und 14.19 Uhr) oder mit Bahn, ab Bahnhof Weil (zirka 15 Minuten zu Fuss). Nachmittags Besuch des Museum für Gegenwartskunst in Basel. Mittagessen im Resslirytti, einem traditionellen alten Restaurant am Wettsteinplatz.
Langschläfer Entweder nur Schaulager und Vitra Design Museum oder Museum für Gegenwartskunst.
Schlechtwetter Programm eignet sich auch bei schlechtem Wetter.

Sehenswerte Museen – von aussen und von innen

Das Kameraverbot in den Museen kann einem das Leben ganz schön schwer machen. Wie die Katze um den Vogelkäfig streicht der japanische Tourist um das Tinguely-Museum auf der Suche nach der Möglichkeit, doch noch das Innere der verglasten Galerie, die auf den Rhein hinaus geht, zu fotografieren. Von der Schwarzwaldbrücke aus bekommt man eine Aussenansicht, doch das ist kein Vergleich mit dem spektakulären Blick, den man aus dem Innern des Gebäudes geniesst.

Das Tinguely-Museum ist eines von mehreren Gebäuden in und um Basel, in denen Kunst gefeiert wird und die selber Kunst sind. Das Tinguely-Museum wurde von Mario Botta erbaut und lockt darum nicht nur Tinguely-Fans, sondern auch Architekturbegeisterte aus aller Welt an. Im Innern ist zunächst schwer zu sagen, was eindrücklicher ist – die Architektur oder die Werke Tinguelys. Doch bald einmal merken die Besucher, dass hier etwas anders ist als in anderen Museen: Es lärmt immer irgendwo. Die ausgestellten Maschinen des Freiburger Künstlers

Seite 70: Kunstvolle Architektur: Fondation Beyeler in Riehen, entworfen von Renzo Piano. Unten: Tinguely-Museum in Basel, entworfen von Mario Botta.

Heimspiel: Schaulager in Münchenstein von den Basler Stararchitekten Herzog & de Meuron.

lassen sich jeweils mit Druck auf ein rotes Fusspedal in Bewegung setzen und klimpern, rasseln, klopfen und schellen dann ein paar Minuten lang, bis jedes Instrument zum Einsatz gekommen ist. Die grösste Maschine, die 17 Meter lange und sieben Meter hohe «Grosse Méta Maxi-Maxi Utopie», lässt sich sogar während des Betriebs über Treppen und Plattformen begehen. «Etwas Lustiges will ich schaffen, etwas für die Kinder, die klettern und hüpfen. Ich möchte, dass es gut herauskommt, eindrucksvoll, fröhlich, verrückt wie auf einem Jahrmarkt», hatte Jean Tinguely 1987 gesagt, als er über die Maschine sprach, die er für eine Retrospektive in Venedig bauen wollte. Doch dann liess man die Besucher der Ausstellung aus Sicherheitsgründen nicht auf die Maschine steigen, und der Künstler war sehr enttäuscht. Im Museum aber, das zu seinen Ehren geschaffen wurde, erfüllen seine Werke wieder den von ihrem Erbauer vorgesehenen Zweck. Im September 2005 ist ein weiteres dieser mechanischen Ungetüme heimgekehrt. Die UBS hat den «Luminator», Tinguelys letzte grosse Skulptur, dem Museum in Basel geschenkt. Tinguely wollte, dass seine «Lampe» im öffentlichen Raum steht. Daher zierte die Skulptur lange die Schalterhalle des SBB-Bahnhofs. Jetzt steht sie in der grossen Halle des Museums, das vom benachbarten Pharma-Unternehmen Roche finanziert wird. Einen guten Blick von unten auf die Galerie bietet das gediegene Bistro Chez Jeannot, das auf der Karte Spezialitäten wie das Clubsandwich «Tinguely» und Rondelle «Jeannot» führt.

Architektur von Weltformat

Unweit des Museums von Botta steht ein ebenso gefeiertes Ausstellungsgebäude des Genueser Architekten Renzo Piano: die viel beschriebene und hoch gelobte Fondation Beyeler in Riehen. Auch für diesen Ausflug lohnt es sich, die öffentlichen Verkehrsmittel zu benutzen. Die Basler Trams übernehmen nämlich an der Stadtgrenze die Funktion von Vorortszügen und fahren teils auf eigenem Trassee weit in die Landschaft hinaus. Die Nummer 6 hält direkt vor der Fondation Beyeler, die sich im Park der Villa Berower befindet.

Das schlichte Gebäude zeichnet sich aus durch ein filigranes Dach. Dadurch gelangt in sämtliche Ausstellungsräume so viel Tageslicht, dass bei schönem Wetter künstliche Beleuchtung überflüssig ist. Tausendfach wurde die raffinierte Architektur schon gelobt, die Ambiance in den hellen Räumen mit den gläsernen Fassaden gegen den Park. Es fällt schwer, die eigenen Eindrücke in neue Worte zu fassen. Wer sich im Monet-Saal auf das

Jenseits der Grenze: Vitra Design Museum in Weil am Rhein, ein Bau des Amerikaners Frank O. Gehry.

rund 25-plätzige Sofa setzt, Monets noch längeren Seerosenteich auf der gegenüberliegenden Wand betrachtet und dann einen Blick durch die grossen Fenster auf den Seerosenteich vor dem Museum wirft, weiss: Wer auch immer hier was auch immer gelobt hat – sie haben alle Recht.

Das Schaulager in Münchenstein steht wie eine überdimensionierte Versandkiste in der Landschaft. Das Museum, das kein Museum, sondern ein öffentlich zugänglicher Lagerraum ist, wurde von den Architekten Herzog und de Meuron als edle Lagerhalle gestaltet und ist, wie die anderen modernen Museen Basels, allein schon der Architektur wegen einen Besuch wert.

Das Schaulager, die Fondation Beyeler und das Tinguely-Museum sind drei von über dreissig Museen in und um Basel. Auf den 37 Quadratkilometern, die Basel-Stadt umfasst, und in der näheren Umgebung haben Tourismuspromotoren 37 kulturelle Einrichtungen von allgemeinem Interesse gezählt, und so werben sie denn auch für die Stadt mit dem Slogan «Basel – Culture Unlimited». Weekendreisenden droht allerdings die Gefahr einer kulturellen Überdosis. Man möchte ja möglichst viele Highlights in zwei Tage packen. Doch dann erinnert man sich an Picassos Satz: «Kunst wäscht den Staub des Alltags von der Seele», und alles ist gut.

Immerhin: Das Vitra Design Museum im benachbarten Weil am Rhein, das in einem spektakulären Gebäude des Kaliforniers Frank O. Gehry untergebracht ist und wie das Tinguely-Museum und die Fondation Beyeler vom Badischen Bahnhof aus einfach mit öffentlichen Verkehrsmitteln erreichbar ist, sollte man sich für Sonntag aufsparen. Der Samstagnachmittag geht im Stadtzentrum bei profanen Shoppingfreuden oder Museumsbesuchen in traditionellen Bauten ebenfalls vorbei.

Schon mal in einem Kunstwerk geschlafen?
«Standesgemäss» logieren Kunstfreunde im Hotel Teufelhof in der Innenstadt. Das Dreisternehaus war 1989 das erste weit und breit, das sich ernsthaft der Kunst widmete und Zimmer von Künstlern gestalten liess. 1996 ist es um ein Galeriehotel mit 21 Zimmern erweitert worden, das im ehemaligen Stift St. Leonhard liegt und wo in den Zimmern, Korridoren und Treppenhäusern wechselnde Ausstellungen stattfinden. Zum Teufelhof gehört ausserdem das Gourmetrestaurant Bel Etage, eine gemütliche Weinstube, ein Café, eine Bar und der Wein- und Spezialitätenladen Falstaff am Eingang zu den mittelalterlichen Kellerräumen.

Teuflisch schön: Das Kunsthotel umfasst nicht nur gestaltete Zimmer wie «Taube und Falke» (oben), sondern auch ein idyllisches Atrium.

Die Kunstzimmer wurden 2002 letztmals neu gestaltet. Besonders luftig ist die ganz in Blau gehaltene Nr. 3, «Taube und Falke», in der Decke und Wände abgerundet sind. Schlicht und frisch ist die Nr. 2, das Eckzimmer mit der «Traumleiter». Sämtliche Zimmer sind im Internet abgebildet – und zur frühen Buchung empfohlen.

Ideal gelegen ist der Teufelhof für Freunde des späten Ausgangs. Der Bird's Eye Jazz Club am Barfüsserplatz liegt quasi um die Ecke, und auch vom AHA, einer unglaublich grossen Disco für Leute ab 25 an der Steinentorstrasse, findet man zu Fuss ins Hotel zurück. Erst die knarrenden Holzstufen der Rundtreppe, die zu den Kunstzimmern hinaufführen, fahren spätnachts in die Beine. Und erst als man völlig erledigt ins Kissen sinkt, fällt es einem wieder ein: Man wollte ja noch das Kunstzimmer fotografieren – aber ohne zerknüllte Bettwäsche und herumliegende Kleidungsstücke. Auch ohne Kameraverbot klappt es also nicht immer.

Was wo wie viel

Unterkunft Teufelhof Basel, Leonhardsgraben 49, Basel, Tel. 061 261 10 10, info@teufelhof.com. Doppelzimmer im Kunsthotel 295–550 CHF, im Galeriehotel 265–375 CHF, inkl. Frühstück.
www.teufelhof.com

Anreise Mit der Bahn bis Basel. Ab Bahnhof SBB mit Tram 8, 10 oder 11 bis Barfüsserplatz. Umsteigen in die Linie 3 bis Musikakademie. Mit dem Auto Autobahnausfahrt Basel Süd, Signalisation Bahnhof SBB folgen, beim Bahnhof SBB Richtung Kantonsspital/Spalentor. Nach Bahnhofplatz-Unterführung und Viadukt bei dritter Ampel rechts abbiegen, Hotel ist ausgeschildert.

Restaurants Hotelrestaurant Bel Etage und Weinstube: Adresse siehe Unterkunft.

Susu's Urban Restaurant & Lounge Soupbar Club, Gerbergasse 73/Falknerstrasse 52, Basel, Tel. 061 261 67 80, info@susus.ch
www.susus.ch

Resslirytti, Theodorsgraben 42, Basel, Tel. 061 691 66 41, info@resslirytti.ch
www.resslirytti.ch

Nachtleben Bird's Eye Jazz Club, Kohlenberg 20, Basel, Tel. 061 263 33 41, office@birdseye.ch. Livemusik bis zirka 23.30 Uhr. www.birdseye.ch

AHA, Steinentorstrasse 35, Basel. Freitag und Samstag 22.30–04.30 Uhr. www.aha.ch

Museen Tinguely, Paul-Sacher-Anlage 1, Basel, Tel. 061 681 93 20. Öffnungszeiten: Dienstag bis Sonntag 11–19 Uhr, Eintritt 15 CHF.
www.tinguely.ch

Fondation Beyeler, Baselstrasse 101, Riehen, Tel. 061 645 63 68, Infoline 061 645 97 77. Öffnungszeiten: täglich 10–18 Uhr, Mittwoch bis 20 Uhr. Eintritt 25 CHF. www.beyeler.com

Vitra Design Museum, Charles-Eames-Strasse, Weil am Rhein, Deutschland,
Tel. +49 (0)7621 702 3200.
Öffnungszeiten: Montag bis Sonntag 10–18 Uhr, Mittwoch 10–20 Uhr. Eintritt 8 €, Kombiticket mit Architekturführung 13.50 €.
www.design-museum.de

Schaulager, Ruchfeldstrasse 19, Münchenstein, Tel. 061 335 32 32. Öffnungszeiten: Dienstag, Mittwoch, Freitag 12–18 Uhr, Donnerstag bis 19 Uhr, Wochenende 10–17 Uhr. Eintritt 14 CHF.
www.schaulager.ch

Kunsthalle, Steinenberg 7, Basel,
Tel. 061 206 99 00. Öffnungszeiten: Dienstag Mittwoch und Freitag 11–18 Uhr, Donnerstag bis 20 Uhr, Wochenende 11–17 Uhr, Eintritt 10 CHF inkl. Architekturmuseum.
www.kunsthallebasel.ch

Architekturmuseum, Tel. 061 261 14 13. Adresse und Öffnungszeiten wie Kunsthalle.
www.architekturmuseum.ch

Museum für Gegenwartskunst, Kunstmuseum Basel, St.Alban-Rheinweg 60, Basel,
Tel. 061 206 62 62. Öffnungszeiten: Dienstag bis Sonntag 11–18 Uhr, Eintritt 15 CHF.
www.kunstmuseumbasel.ch

Allgemeine Informationen Basel Tourismus, Aeschenvorstadt 36, Basel,
Tel. 061 268 68 68, info@baseltourismus.ch.
www.basel.com

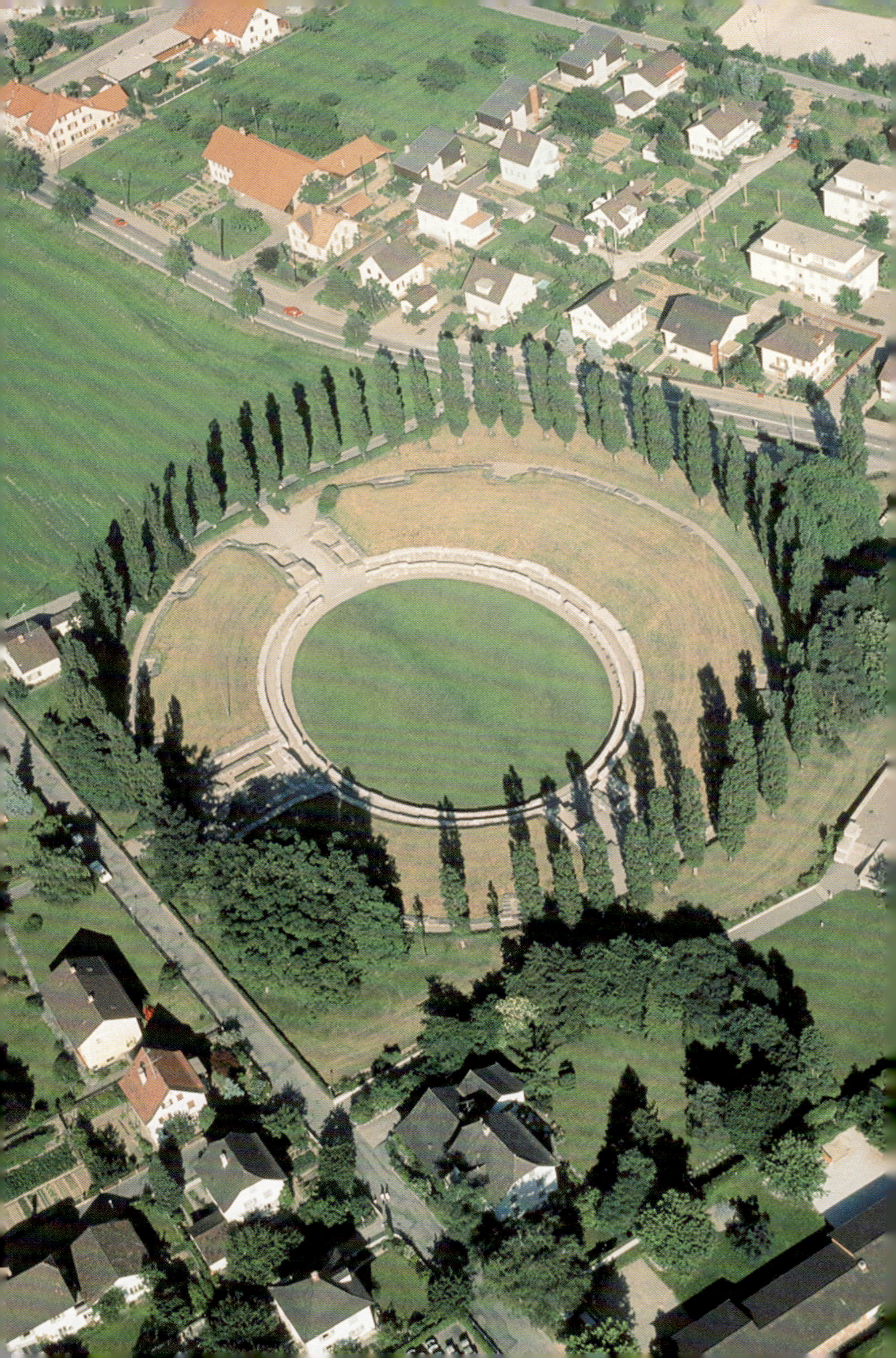

NORDWESTSCHWEIZ TIPP **9**

Zurzach
Aargauer Zeitreise durch mehr als 2000 Jahre

Unterkunft Park-Hotel Bad Zurzach, Viersternehaus mit 106 Zimmern und Suiten, Restaurant, Cafeteria, Kiosk, Coiffeur, Beautysalon, Sauna, Fitnessraum und Hallenbad und direktem Zugang zum Thermalbad.
Anreise Mit der Bahn nach Zurzach, Gratistransfer zum Park-Hotel Zurzach. Oder mit dem Auto.
Verpflegung Hotelrestaurant und Restaurants an Ausflugszielen.
Ankunft Leichter Snack im Hotel, dann Planschen und Dampfen im Thermalbad (geöffnet bis 22.15 Uhr).

1. Tag Radwanderung auf der alten Römerstrasse von Zurzach nach Windisch (20 Kilometer, Höhendifferenz 200 Meter), Picknick unterwegs oder Einkehr im Sternen in Würenlingen.
Besichtigung des Amphitheaters von Vindonissa. Mit Bus zurück nach Zurzach (1 Stunde).
Langschläfer Bummel durch die Stadt und zum Tierpark oder Velotour rund um die Stadt.
Schlechtwetter Relaxen und sich pflegen lassen im Thermalbad.

2. Tag Spaziergang entlang dem Rhein bis nach Koblenz (2 Stunden), Mittagessen in Koblenz, zurück mit Zug (8 Minuten). Fahrt nach Villigen (Bus, 25 Minuten) und Besuch des PSI-Forums, das wissenschaftliche Museum des Paul Scherrer Instituts.
Langschläfer Spaziergang über Rheinheim. Rückkehr, Fahrt nach Villigen und Besuch des PSI-Forums.
Schlechtwetter Fitness, Dampf und Beauty im Thermalbad.

Hightech-Forschung auch für Laien

Zugegeben, der erste Anblick ist enttäuschend. Wie ein Ufo sieht die Synchrotron Lichtquelle Schweiz, das kurz SLS genannte Labor des Paul Scherrer Instituts (PSI) auf der Broschüre aus. Doch wer von Villigen her kommend auf sie zufährt, sieht nur einen runden, flachen Betonbau direkt neben der Strasse, das erste von einer ganzen Ansammlung von Industriegebäuden mitten in der lieblichen Aare-Landschaft. Das Hightech-Physiklabor müsste man wohl bei Nacht sehen, wenn Licht aus dem Innern zwischen den Fassadenelementen herausströmt.

Wer sonntags hierher findet, hat aber sowieso ein anderes Ziel: Auf der anderen Seite der Aare, die die Laboranlage PSI Ost von der PSI West trennt, liegt in einem modernen Baukubus das PSI-Forum, das wissenschaftliche Museum des Forschungsinstituts.

Die Ausstellung ist auf einer Ebene angeordnet und nicht besonders umfangreich. «Das habe ich ja schnell besichtigt», denkt man beim Eintreten. Und dann werden die Experimente an den unterschiedlichsten Installationen zu einem abwechslungsreichen, einen ganzen Nachmittag füllenden Programm.

Das Paul Scherrer Institut ist ein Forschungslabor für verschiedene Disziplinen der Natur- und Ingenieurwissenschaften. Dazu gehören die Materialwissenschaften, die Biowissenschaften, die Elementarteilchenphysik, die Festkörperforschung, die Erforschung von nuklearer und allgemeiner Energie sowie die Umweltforschung. Das PSI gehört

Seite 78: Römische Kreise:
Das Amphitheater von Vindonissa.
Unten: Im Kern der Forschung:
Synchrotron Lichtquelle Schweiz SLS.

zum ETH-Bereich und ist ein weltweit begehrter Forschungsplatz mit internationalem Renommee. Über 1000 Wissenschafterinnen und Wissenschafter aus dem In- und Ausland arbeiten hier.

20 Installationen zum Experimentieren und Staunen repräsentieren die Forschung am PSI. So lernt man auf anschauliche Weise etwa, wie schwer Atomkerne sind: Würde man einen Spielwürfel damit füllen, so wäre er so schwer wie 500 000 voll beladene Jumbojets, steht da. Und auch zur Lasertechnologie gibt es anschauliche Zahlen: Der beste Laser würde einen Kreis von lediglich 200 Meter Durchmesser beleuchten, wenn man ihn auf den Mond richten würden. Es gibt Informationen über Strahlenmedizin und Augentherapie mit Protonen, über den Energieträger Wasserstoff und über die Solarchemie. Ein 3-D-Film mit den beiden farbigen Kugeln Protoni und Neutroni als Hauptdarsteller zeigt das Prinzip der Teilchenbeschleuniger am PSI, die weltweit die höchste Leistung erbringen und Protonenstrahlen liefern, die unter anderem für die Erforschung der Proteine eingesetzt werden.

PSI mit Ufo: Das Paul Scherrer Institut in Villigen an der Aare mit dem Rundbau der SLS.

Diese Wissenschaftsshow bildet den spektakulären, ungewöhnlichen Abschluss eines Wochenendes, bei dem es bei weitem nicht nur um Wissenschaft geht: Ein Aufenthalt in den grosszügigen Anlagen des Thermalbades von Zurzach mit Wanderungen und Spaziergängen in der Umgebung regt alle Sinne an.

Im Sprudelbad den Alltag vergessen

Das Parkhotel Zurzach ist die schönste Adresse im Thermalquartier. Obwohl über die Rehaklinik mit dem Thermalbad verbunden, hat es wenig von einem Kurhaus und viel von einem ganz normalen touristischen Hotelbetrieb. Thai Airways benutzt das Haus sogar als Flughafenhotel für ihre Piloten und das Kabinenpersonal. Den Namen Park-Hotel trägt es zu Recht. Eine grosse stimmungsvolle Gartenanlage umgibt das u-förmige Gebäude. Die Zimmer im Erdgeschoss haben einen Gartensitzplatz. Im Gegensatz zu vielen ähnlich gelegenen Häusern verfügt es über ein eigenes Solehallenbad sowie Fitness- und Wellnesseinrichtungen. So haben die Gäste die Wahl: Wem das Thermalbad zu gross und zu laut ist, findet in der Hotelanlage die gewünschte Ruhe und viel Platz. Und wer vor dem Frühstück schnell schwimmen gehen will, ohne dafür weite Wege auf sich zu nehmen, wird im Parkhotel ebenfalls glücklich.

Die Eingangshalle mit Cheminée und bequemen Sesseln wirkt ein bisschen wie ein Wohnzimmer. Die Zimmer sind modern minimalistisch eingerichtet, die Juniorsuiten sind Licht durchflutet und bieten sehr viel Platz.

Wenig Kurhaus, viel Hotel:
Das elegante Park-Hotel Bad Zurzach liegt mitten in einer Gartenanlage.

Doch noch ist es nicht Zeit, sich ins Zimmer zurückzuziehen, wenn man am Freitagabend nach Feierabend in Zurzach ankommt. Nach einem Häppchen im Loungecafé oder an der Bar sollte man sich aus dem Alltagsmenü schälen und zum Thermalbad hinüberwechseln. Nichts ist entspannender, als im Dunkeln in einer Sprudelwanne im Freien zu liegen. Das Rauschen des Wassers lässt Lärm und Hektik vergessen, und mit dem aufsteigenden Dampf verflüchtigen sich Gedanken an die Arbeit im Nichts.

Fast vierzig Grad warm ist das Wasser, wenn es aus dem Urgestein aus einer Tiefe von hundert Metern an die Oberfläche schiesst. In den vier Freiluftbecken ist es noch 34 bis 36 Grad. 1200 Quadratmeter gross sind die Bassins, in denen Sprudelbänke, Liegen und Rondellen zum Relaxen einladen: ein herrlicher Wasserpark, den man bis spätabends geniessen kann, bevor man nach einem Schlummertrunk in der Bar oder auf dem Balkon des Zimmers wohlig entspannt in die Federn kriecht.

Auf den Spuren der Römer

Für Wanderungen und Spaziergänge mit Ausgangspunkt Zurzach ist das Rheinufer nahe liegend. Es gibt aber auch eine schöne Route über Hügel und an Rebbergen vorbei, die ihren Ausgang in Zurzach nimmt: die Römerstrasse Neckar–Aare, die bis nach Windisch führt. Sie ist eine Verlängerung der Römerstrasse Neckar–Alb, die seit sechs Jahren antike Sehenswürdigkeiten zwischen Neckar und Alb verbindet. Als Vorlage diente die Peutinger Karte, die mittelalterliche Kopie einer antiken Strassenkarte. Darauf ist die Route genau verzeichnet: vom Legionslager Vindonissa (Windisch) führt sie über Tenedo, wie Zurzach damals hiess, nach Iuliomagus (Schleitheim) und Brigobanne (Hüfingen) und von dort über Arae Flavia (Rottweil) nach Sumelocenna (Rottenburg) und Grinario (Köngen). Im Mai 2004 wurde die neue Touristikstrasse mit einem Römerfest in Windisch feierlich eröffnet und lenkt seither Wanderer vom Amphitheater zum Vindonissa-Museum in Brugg, von dort über die alte Kastellmauer in Zurzach zu den Thermen von Schleitheim und den Militärbädern in Hüfingen und bis zum berühmten Orpheus-Mosaik in Rottweil.

Im September 2005 wurde der erste Römerlauf ausgetragen, der über die ganzen 123 Kilometer führte, und zwar sinnvollerweise bergwärts, also von Windisch nach Rottweil. Für Wochenendgäste reicht auch eine Teilstrecke in die Gegenrichtung, zum Beispiel von Zurzach nach Windisch. Das sind immer noch zwanzig Kilometer, und zwischen Zurzach und

Iuliomagus, bitte rechts abbiegen!
Die Römerstrasse Neckar–Aare führt u.a. zu den Thermen von Schleitheim.

Döttingen geht es auch einmal steil bergauf. Die Route führt über den Zurzacherberg nach Döttingen und Würenlingen, überquert bei Stilli die Aare und geht auf der Hauptstrasse nach Brugg und Windisch. Nicht gerade gemütlich sind die Strecken auf den Landstrassen zwischen den Dörfern, auf denen die Autofahrer recht aufs Gaspedal treten. Es lohnt sich deshalb, so oft wie möglich auf die Wanderwege auszuweichen – das Gelände ist übersichtlich und gut beschildert.

Würenlingen bietet sich für die Mittagsrast an. Von dort sind es noch neun Kilometer bis zum Ziel, dem Amphitheater. Das grösste Amphitheater der Schweiz – es bietet 10 000 Personen Platz – wurde 1897 zufällig von einem Archäologiestudenten entdeckt. So viel wissen die meisten noch aus dem Primarschulunterricht. Aber wer weiss noch, dass die verlorene Schlacht von Bibracte 58 v. Chr. die Helvetier veranlasste, auf dem Hügel von Vindonissa eine befestigte Siedlung zu bauen, von der man das Aaretal überblicken konnte? Oder dass Kaiser Tiberius dort, wo Aare und Reuss zusammenfliessen, ein kleines Militärkastell erbaute? Nach der Befestigung des Rheins als Nordgrenze des römischen Reichs wurde das Kastell zur Legionsfestung Vindonissa ausgebaut und beherbergte bis zu 6000 Solda-

Diese Landschaft mochte schon Kaiser Tiberius: Rebberge zwischen Tegernfelden und Zurzacherberg.

ten. Nach und nach entstand hier eine eigentliche Garnisonsstadt. Um sie zu versorgen, wurden rundherum Gutshöfe gegründet und mit einem Strassennetz verbunden. Fast jedes Dorf hier in der Region hat römische Funde aufzuweisen – meist sind es Überreste von Gutshöfen.

Das Vindonissa-Museum in Brugg erzählt detailreich und anschaulich die Geschichte der Römerzeit. Wer genug hat, lässt sich bequem mit dem Bus nach Zurzach zurückchauffieren.

Kürzer, aber ebenso steil, ist die Tour auf den Achenberg. Oben laden ein Restaurant und eine kleine Kapelle zum Verweilen ein, und der Rundblick ist grossartig.

Wer nach der Wanderung allfälligem Muskelkater vorbeugen will, besucht das Fitnesscenter des Spa Medical Wellness Centers, das dem Thermalbad angeschlossen ist. Ein Heer von Tretvelos, Rudermaschinen und anderen Kraftgeräten der neusten Generation steht hier bereit. Ergänzt von Apparaturen, die konstant den gegenwärtigen Energieverbrauch oder die Fettverbrennung anzeigen. Sogar ein Gerät, das Muskeldehnung misst und so Simulanten entlarvt, steht zur Verfügung.

So oder so – ein ausgedehntes Abendessen im Grill-Restaurant des Hotels hat man sich nachher verdient. Wie wärs mit einem Rindscarpaccio mit gebratenem Spargel, Trüffel und Parmesan? Oder lieber einen Zitronengrasspiess mit Seeteufel und Riesencrevetten? Oder doch das Bisonfilet mit Kräutersenfkruste? Im Park-Hotel kommen auch verwöhnteste Gaumen auf ihre Rechnung.

Dem Rhein entlang bis Koblenz

Wer am Sonntagmorgen nicht allzu spät aufsteht, sollte doch noch den Rhein entlang wandern. Von Zurzach führt ein schöner Pfad bis nach Koblenz. Er liegt tief unter der Strasse und dem Bahntrassee und ist so vom Verkehr abgeschirmt. Zwei Stunden dauert der gemütliche Spaziergang mit stetem Blick auf das Wasser, das mit wachsendem Wegstück immer unruhiger wird. Vor Koblenz erinnert der grosse Rhein mit vielen kleinen Stromschnellen an den Bündner Rhein. Die Koblenzer Laufen, wie sie genannt werden, seien die einzigen Stromschnellen unterhalb des Rheinfalls, vermerken die örtlichen Wegbeschreibungen stolz. Mit dem Rheinfall sind sie aber nicht zu vergleichen. Ein etwas längerer Weg führt auf der deutschen Seite zum selben Ziel: Von Zurzach geht es über die Brücke nach Rheinheim, von dort über Kadelburg und Ettikon nach Homburg und an die Wutach, von wo man mit dem Bus nach Waldshut und von dort über die Grenze nach Koblenz zurückkehren kann. Liebhaber von Flussansichten kombinieren die beiden Routen: die eine hin, die andere zurück. Das dauert dann gut viereinhalb Stunden.

Langschläfer werden es wenigstens bis Rheinheim schaffen, bevor die Nachmittagstour ansteht: ein Ausflug in die Welt der Forschung in Villigen. Und dann steht man wieder am Wasser, diesmal an einer Brücke hoch über der Aare und stellt fest: Es ist gar nicht anstrengend, sondern im Gegenteil ganz erholsam, in zwei Tagen durch rund 2000 Jahre zu reisen. Und wer die Galaxien im PSI-Forum betrachtet, schafft sogar locker ein Mehrfaches.

Hier darf der Rhein noch Fluss sein: Landschaft bei Zurzach.
Seite 87: Experiment im PSI-Forum.

Was wo wie viel

Unterkunft Park-Hotel Bad Zurzach, Badstrasse 4, Zurzach, Tel. 056 269 88 11, info@park-hotel-zurzach.ch. Zimmer 250 bis 335 CHF, Halbpension 46 CHF, Weekend-Pauschalen ab 310 CHF pro Person.
www.park-hotel-zurzach.ch

Anreise Mit der Bahn alle halbe Stunde von Zürich über Baden nach Zurzach, Gratistransfer zum Park-Hotel. Mit dem Auto: A1 bis Baden, Kantonsstrasse nach Zurzach, nach Stadttunnel links in Thermalquartier einbiegen und dann erste Strasse rechts zur Hotelvorfahrt.

Restaurant Zum Sternen, Endingerstrasse 7, Würenlingen, Tel. 056 297 40 00.
www.sternen-würenlingen.ch

Thermalbad Tel. 056 265 28 28. Öffnungszeiten: Montag bis Samstag 7–22.15 Uhr, Sonntag 7–20.45 Uhr. Schwimmbecken mit Hallenteil (34 Grad), Becken mit Sprudeleinrichtungen (35 Grad) Becken nur für Erwachsene mit Sprudeleinrichtungen (36 Grad), Fliessbad mit Wasserfall (35 Grad).
www.thermalbad.ch

Wellness The Spa Medical Wellness Center, Zurzach, Tel. 056 269 66 54. Öffnungszeiten: Montag bis Freitag 8–22 Uhr, Samstag/Sonntag 9–18 Uhr. Das Angebot umfasst Erlebnisdusche, Sauna, Dampfbad, Kaltwasserbecken, Kneipp-Kaltwasser-Tretbecken, Ruheräume, Solarium, Kosmetik, Massagen, Körperpackungen nach Wahl, Bürstenmassagen, verschiedene Bäder, Medical-Fit-Test, Ausdauer- und Beweglichkeitstraining, Aerobic, Powerpacing, individuelle Trainingsberatung.
www.medical-wellness-center.ch

Wandern Wanderkarte Baden, 1:50 000, Blatt 215 T, 22.50 CHF.
Karten und Informationen zur Römerstrasse Neckar–Alb bis Windisch:
www.roemerstrasse-neckar-alb.de

Museum Vindonissa-Museum: offen Dienstag bis Samstag 13–17 Uhr, Sonntag 10–17 Uhr, Eintritt 5 CHF.

Besichtigung PSI Forum, Villigen, Tel. 056 310 21 00, psiforum@psi.ch. Öffnungszeiten: Montag bis Freitag 13–17 Uhr, Sonntag 13–17 Uhr. Für Gruppen ab 12 Personen organisiert das PSI auf Anfrage 90- oder 150-minütige Führungen. Auf dem längeren Rundgang kann die Synchrotron Lichtquelle Schweiz SLS, das Ufo besichtigt werden (Bilder S. 80–81).

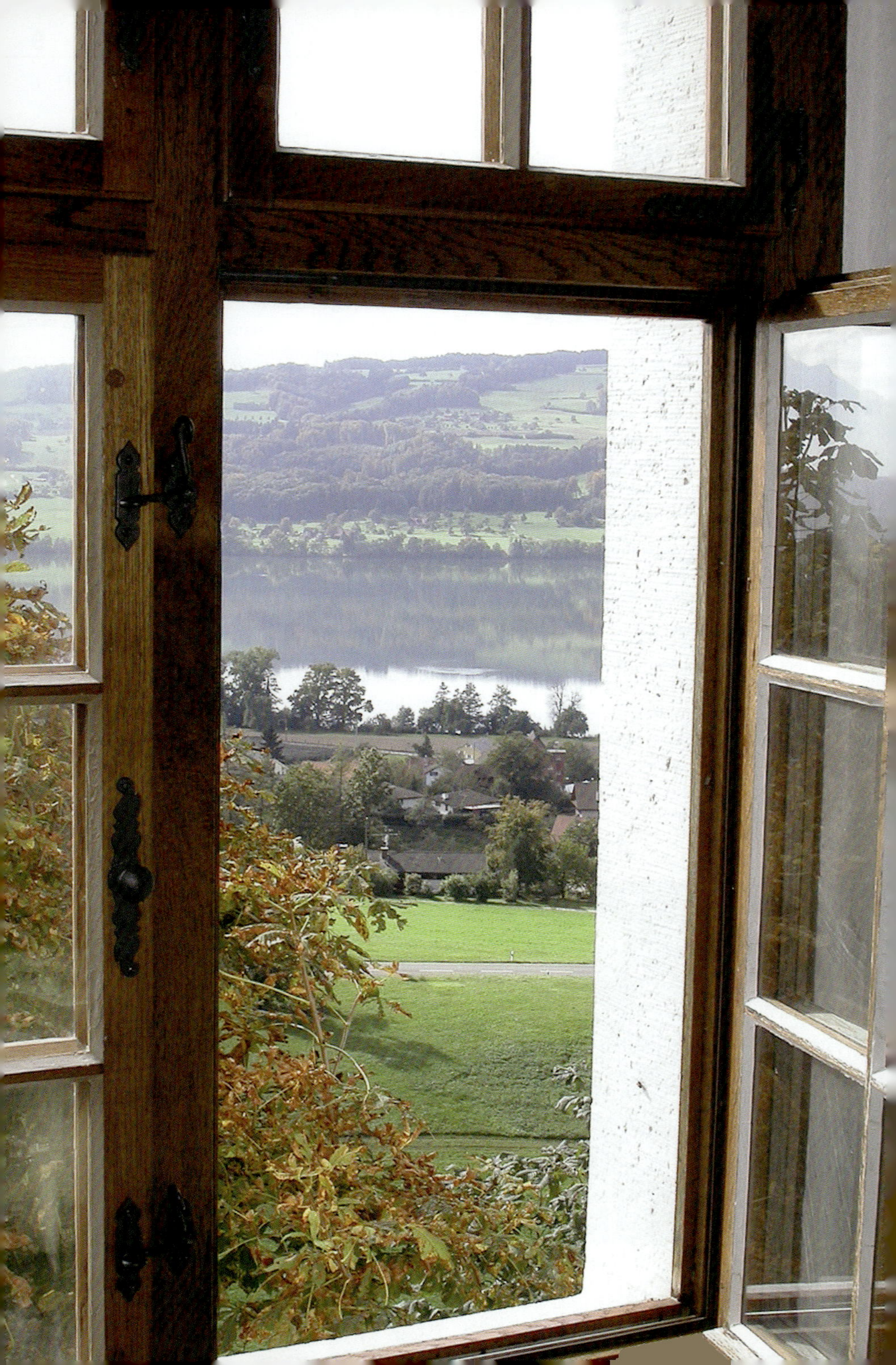

NORDWESTSCHWEIZ   TIPP **10**

Seetal
Kleine Welt der grossen Schlösser

Unterkunft Hotel Seerose in Meisterschwanden am Hallwilersee. Viersternehaus in zwei Gebäuden, der Seerose Classic und der Seerose Elements mit 19 respektive 42 Zimmern. Restaurant mit französischer Karte und Gartenrestaurant am Seeufer sowie thailändisches Restaurant Samu-Thai mit authentischer königlich-thailändischer Küche. Eigene Schiffstation.
Anreise Mit Bahn und Postauto bis Meisterschwanden. Von dort werden die Gäste abgeholt. Oder mit dem Auto.
Verpflegung Restaurant Classic und Restaurant Samu-Thai im Hotel, Snackbars an den Ausflugszielen.
Ankunft Apéro in der romantischen Hotelbar am See, Nachtessen im Restaurant Classic, eventuell auf der Palmenterrasse.

1. Tag Wanderung zu Schloss Heidegg, weiter nach Muri, mit dem Bus zurück nach Meisterschwanden.
Langschläfer Fahrt zum Schloss Heidegg und nach Muri zur Klosterkirche.
Schlechtwetter Besuch Verkehrshaus Luzern.

2. Tag Bummel zum Schloss Hallwyl. Rückfahrt zum Hotel oder direkte Weiterfahrt nach Lenzburg, Besuch des Schlosses Lenzburg.
Langschläfer Fahrt zum Schloss Hallwyl, Weiterfahrt nach Lenzburg und Besuch des Schlosses Lenzburg.
Schlechtwetter Programm für Langschläfer eignet sich auch bei schlechtem Wetter.

Thailand liegt auch am Hallwilersee

Von der kreisrunden Sprudelwanne aus blickt man auf den nächtlichen See hinaus und die wenigen Lichter am anderen Ufer, nippt am Sprudel aus dem Trinkglas und fühlt sich einfach rundum wohl. Dann zieht frau ihren Lieblingsrock an, legt etwas mehr Schmuck an und Rouge auf als gewöhnlich und lässt sich in die grosse ferne Welt entführen: nach Thailand. Das Restaurant Samui-Thai, das im Neubau des Hotels Seerose untergebracht ist, bietet authentische thailändische Küche in ebenso authentischer Ambiance. Die Aufmerksamkeit der thailändischen Gastgeberinnen, der Duft und der exzellente Geschmack der Spezialitäten und das schlichte fernöstliche Dekor, das alles trägt dazu bei, dass man sich elf Flugstunden entfernt von hier, im exotischen Thailand wähnt. Hier – das ist jedoch Meisterschwanden am Hallwilersee, mitten im Aargauer Hinterland.

Das Hotel Seerose aber hat noch viel mehr zu bieten. In den 42 komfortablen Viersternezimmern im Neubau kommen Liebhaber von gutem Design und etwas Luxus ganz auf ihre Rechnung. Hinter

Seite 88: Königlich: Blick von Schloss Heidegg auf den Baldeggersee.
Unten: Fürstlich mit einem Hauch Exotik: Das Hotel Seerose in Meisterschwanden am Hallwilersee.

dem zweiten Hotelgebäude wird demnächst ein drittes gebaut, wo ein neuartiges Spa bislang unbekannte Formen des Wohlbefindens bieten wird. Wer es üppiger mag, mietet eine der drei Suiten, die auch über die Internetplattform loveroom.ch reserviert werden können. Eine davon ist das Zimmer mit der runden Sprudelwanne am Fenster – die Thai-Suite. Und vom Balkon aus blickt man über Schilf und zwischen Bäumen hindurch auf den idyllischen See.

Rummel am See, Ruhe auf den Hügeln

Für ein Tapetenwechsel-Weekend ist das Hotel Seerose ein Traum. Nur einen Haken hat das Haus, und den spüren aufmerksame Gäste schon, wenn sie von der Kantonsstrasse in die Zufahrtstrasse abzweigen: Von vier Autos, die hier vorbeifahren, folgen mindestens drei ebenfalls dem Wegweiser «Seerose». Tatsächlich ist die Anlage eines der beliebtesten Ausflugsziele der Region. Sobald die Sonne das erste Grün an den Bäumen hervorzaubert, locken die verschiedenen Restaurants im separaten Gebäude am Seeufer mit ihren grossen Sonnenterrassen und dem beeindruckenden gastronomischen Angebot Ausflügler in Massen an. So bildet sich an sonnigen Wochenenden neben dem kleinen See ein grosses glitzerndes Meer von Autos. Auf dem Uferweg, der rund um den Hallwilersee führt, fliesst ein nicht endender Strom von Spaziergängern, und an der Schiffstation Seerose gibt die Hallwiler Schifffahrtsgesellschaft in regelmässigen Abständen eine Ladung Schiffsreisender frei, die ihren Ausflug mit einem Coupe Dänemark auf der Palmenterrasse des Hotels Seerose krönen möchten.

Es gibt jedoch eine Möglichkeit, das eine zu geniessen und dem anderen auszuweichen: Clevere Wochenendgäste weichen an solchen Tagen auf die Spazierwege auf den Hügeln aus und profitieren vom geschichtlichen Erbe der Region: Hier liegen mehrere historische Bauwerke, die man zwar vom Geschichtsunterricht her kennt, die aber einen Besuch immer wieder lohnen: Schloss Hallwyl, Muri und seine berühmte Klosterkirche und auch Schloss Lenzburg, das die meisten nur vom Vorbeifahren kennen.

Erhaben: Das Schloss Heidegg in Gelfingen wurde 1185 erstmals erwähnt und war bis 1950 bewohnt.

Wie aus dem Märchenbuch ...

Einen guten Einstieg bildet das kleine Schloss Heidegg in Gelfingen über dem Baldeggersee, der früher Heideggersee hiess. Es besteht im Wesentlichen aus einem dicken Turm mit rotem Dach, der hoch über einem Rebberg thront und sieht genau so aus, wie Schlösser in Märchenbüchern gezeichnet werden: eine Mischung aus Wachturm und Dornröschenschloss. Heidegg ist älter als die Eidgenossenschaft: Bereits 1185 wurde der erste Besitzer von Heidegg, ein gewisser Hainricus de Heidesche, in einer Urkunde erwähnt. Das Seetal war damals ein wichtiger Abschnitt der Gotthardroute, die von Basel über Brugg nach Luzern führte. Die Heidegger waren Dienstadlige, die bis ins 15. Jahrhundert von ihrer Burg aus als Ritter den Grafen von Kyburg und später den Habsburgern dienten. Danach übernahmen nacheinander reiche Bürgerfamilien aus Luzern das Anwesen und pflegten darin einen adligen Lebensstil. Die letzten Bewohnerinnen waren Marie-Louise und Mathilde Pfyffer von Heidegg, die aber wie ihre beiden Schwestern kinderlos blieben und deshalb froh waren, als sich der Kanton Luzern 1950 bereit erklärte, das Schloss zu übernehmen und das Andenken der Familie zu wahren. Seither kümmert sich die Vereinigung Pro Heidegg um das Anwesen. Man beschloss, den Rebberg wieder zu bewirtschaften, und als der damalige deutsche Bundeskanzler Konrad Adenauer bei einem Besuch

Dornröschen statt Gemüse:
120 Sorten blühen im neu angelegten Rosengarten vom Schloss Heidegg.

meinte: «Hier sollten Rosen stehen», nahm man sich seinen Rat zu Herzen und gestaltete den so genannten Potager, den Nutzgarten, in einen Rosengarten um. Acht Jahre später wurde hier die Gesellschaft Schweizer Rosenfreunde gegründet. Seit Frühling 2005 erstrahlt die Sammlung von duftenden Raritäten in neuem Glanz. Im umgestalteten Garten bilden die blühenden Rosen zwischen den Rasenflächen eine Farbpalette vom dunklen Rot über Rosa, Orange, Gelb bis Weiss. 120 Rosensorten umfasst die Sammlung und einige tragen so berühmte Namen wie Lady Di, Maria Callas, Black Night, Konrad Adenauer, Argovia und natürlich Schloss Heidegg.

Das Innere des Schlosses ist eher ernüchternd. Die modern gestaltete Dauerausstellung in kahlen Räumen, die Kinderspielecke und das Selbstbedienungscafé haben nichts Adliges an sich. Nur im Dachgeschoss, wo die letzte Erbin der Pfyffer von Heidegg 1953 verstarb und das heute für Seminare und Bankette genutzt wird, ist noch Schlossatmosphäre zu spüren. Der Blick über das sanfte Tal ist gar königlich.

... oder wie im Disneyland

Von der Heidegg aus führt die Strasse über Muswangen und den Lindenberg nach Geltwil. In diesem Weiler steht, gut versteckt unter einem hohen Baum, das einzige Denkmal, das dem Sonderbundskrieg gewidmet ist. Hier verirrte sich nämlich Freund wie Feind im tückischen Reussnebel. Nachdem die entscheidende Schlacht beim nahen Gisikon nicht ausgefochten, sondern abgebrochen wurde, schien dies wohl Grund genug, hier der wenigen Opfer dieses Krieges zu gedenken. Bei gutem Wetter ist die Aussicht von hier oben über das ganze Freiamt herrlich. Nach Muri ist es nur noch ein kurzes Wegstück. Dort zeugt die Klosterkirche mit ihrem prachtvollen achteckigen Zentralbau, dem Chorgestühl und dem prunkvollen Chor vom Reichtum und der einstigen Macht der Benediktiner.

Auch das Kloster Muri ist älter als die Eidgenossenschaft, nicht aber das Schloss Hallwyl. Nach neusten Untersuchungen des Baumbestands nimmt man an, dass das Anwesen erst im 13. Jahrhundert erbaut wurde. Dafür bekleidet es in der Liste der Sehenswürdigkeiten offenbar einen höheren Rang: Eine ganze Schulklasse aus Südamerika tummelt sich im Hof des Wasserschlosses – 24 Kids mit 24 Fotoapparaten. 23 davon posieren als Haufen quietschender Mädels und grölender Jungs, die 24. steht davor und knipst sich durch 24 umgehängte Kameras: «Otro mas, otro mas, noch eins, noch eins!», schreit die Horde begeistert.

Von aussen ist das Schloss unscheinbar. Es liegt eingeklemmt in einer Strassenbiegung in der Talsenke. Doch im Innern gibt es Dutzende von Wohnräume zu besichtigen, und aus dem Dunkel des Kerkers hallt eine Stimme. Ein imaginärer Gefangener beklagt in derber Sprache sein Schicksal und schreit: «Lasst mich raus!» Die kleinen Besucher fahren erschreckt zusammen, die grösseren finden diesen Touch von Disneyland ganz cool.

Am ruhigsten ists im eigenen Turm

Die Steigerung von Schloss Hallwyl heisst Schloss Lenzburg, und man sollte die Denkmäler auch in dieser Reihenfolge besuchen. Dabei ist wie bei der Seerose ein gewisses Mass an Mengentauglichkeit gefragt. Der weithin sichtbar über der Stadt thronende Gebäudekomplex figuriert bei der Schweizer Tourismuswerbung unter den dreissig wichtigsten Kulturdenkmälern und gilt als eines der beliebtesten Ausflugsziele des Aargau. Mindestens jedes Wochenende finden kulturelle Veranstaltungen statt, und am Sonntagnachmittag gibts hier sogar Lektionen in mittelalterlichem Tanz. Wer sein Wochenende nicht mit Rummel beschliessen will, zieht sich deshalb besser noch einmal in seine eigene Turmsuite in der Seerose zurück und geniesst die Ruhe und den unverbauten Blick auf den kleinen idyllischen See. Oder er sucht sich auf einer Rundwanderung um den See ein ruhiges Plätzchen. Fünfeinhalb Stunden dauert der Weg rundherum, doch von sieben Schiffstationen aus lässt sich die Tour abkürzen und über den See wieder zurück zur Seerose fahren.

Wie Klein-Hanschen sich ein Schloss vorstellt: Wasserschloss Hallwyl. Seite 95: Die Klosteranlage von Muri: eines der ältesten und schönsten Kulturdenkmäler im Kanton Aargau.

Was wo wie viel

Unterkunft Hotel Seerose am Hallwilersee, Meisterschwanden, Tel. 056 676 68 68, hotel@seerose.ch. Doppelzimmer 290 bis 720 CHF, diverse Weekendpauschalen je nach Saison. www.seerose.ch

Anreise Mit der Bahn bis Wohlen oder Lenzburg, mit Postauto bis Post Meisterschwanden. Von dort werden die Gäste abgeholt. Mit dem Auto: entweder Autobahn A1 bis Lenzburg, dort Richtung Wohlen, Villmergen, Sarmenstorf bis Meisterschwanden. Das Hotel befindet sich 300 m ausserhalb des Dorfs Richtung Aesch/Luzern. Oder über Zug, Hochdorf, Gelfingen auf der Kantonsstrasse Richtung Aarau und Lenzburg. Kurz vor Dorfeingang ist die Hotelzufahrt links signalisiert.

Wandern Wanderkarte SAW Zürich, 1:50 000

Besichtigungen Schloss Heidegg Gelfingen, Tel. 041 917 13 25. Öffnungszeiten des Museums: 1. April–31. Oktober: Dienstag–Freitag 14–17 Uhr, Wochenende/Feiertage 10–17 Uhr. www.heidegg.ch

Wasserschloss Hallwyl Seengen, Tel. 062 777 11 21. Öffnungszeiten: 1. April–31. Oktober: Dienstag–Sonntag 10–17 Uhr. Eintritt 12 CHF. www.ag.ch/hallwyl

Klosterkirche Muri, Tel. 056 765 41 21. www.klosterkirche-muri.ch

Schloss Lenzburg, Tel. 062 888 48 80. Öffnungszeiten: 1. April–31. Oktober: Dienstag–Sonntag 10–17 Uhr. Eintritt 12 CHF, Kombiticket mit Wasserschloss Hallwyl 20 CHF. www.schlosslenzburg.ch

Schifffahrt Schifffahrtgesellschaft Hallwilersee, Delphinstrasse 28, Meisterschwanden, Tel. 056 667 00 00. www.schifffahrt-hallwilersee.ch

Museum Verkehrshaus der Schweiz, Lidostrasse 5, Luzern, Tel 041 370 44 44, Infoline 0848 85 20 20. Öffnungszeiten Sommer 10–18 Uhr, Winter 10–17 Uhr. Eintritt 27 CHF, mit IMAX-Kino 36 CHF. www.verkehrshaus.ch

Allgemeine Informationen
www.seetaltourismus.ch

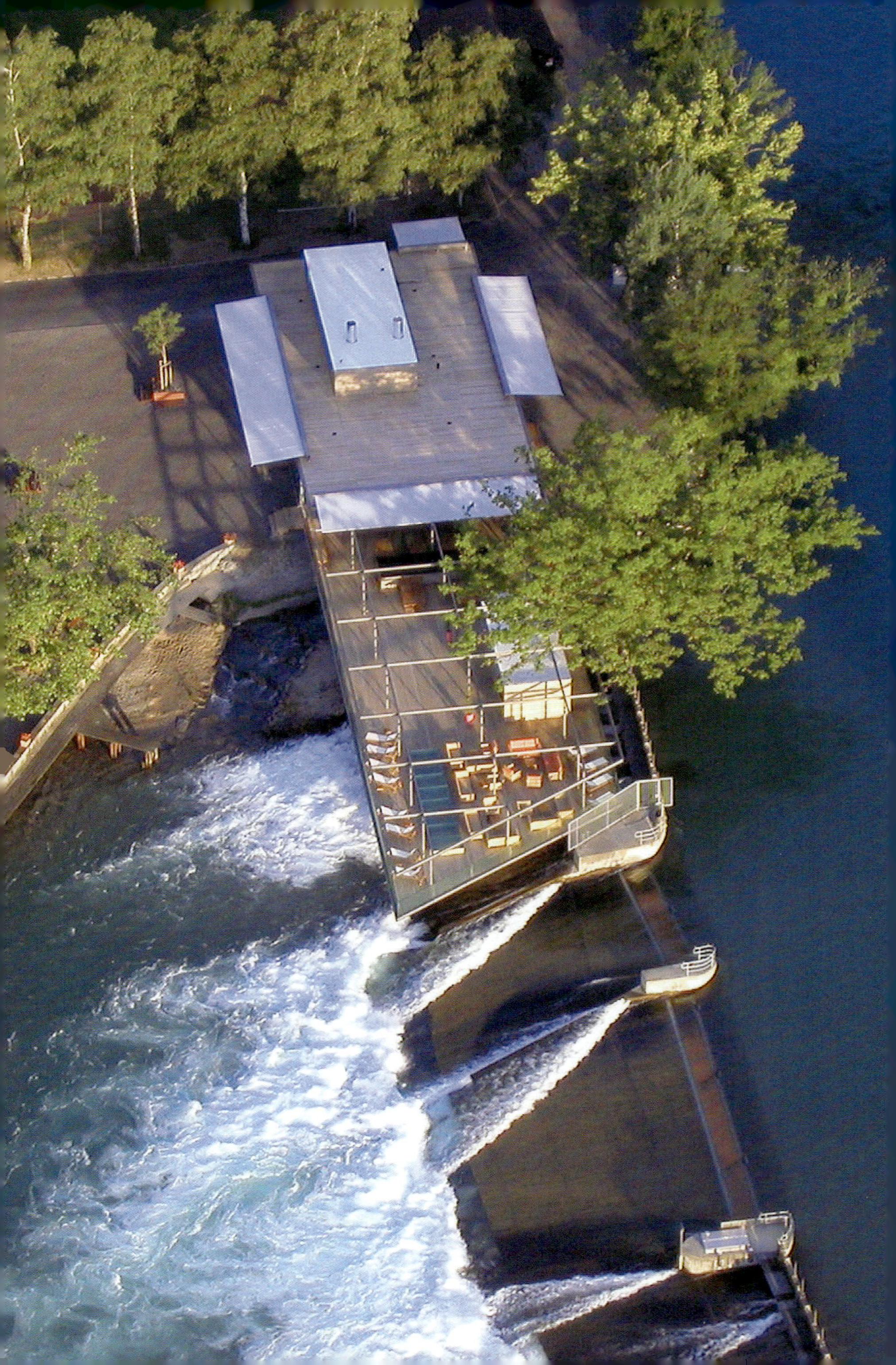

MITTELLAND TIPP **11**

Bern
Hauptstadt mit Lifestyle

Unterkunft Hotel Allegro, modernes Viersternehaus mit eindrücklicher Atriumarchitektur, angeschlossen an den Kursaal, vier Restaurants, drei davon mit grosser Terrasse und grandioser Panoramasicht, Bar, Casino und Wellnessbereich. Luxuriöse Suiten im Dachgeschoss.
Anreise mit Bahn bis Bern, vom Bahnhof Tram vors Haus. Oder mit dem Auto.
Ankunft Essen im Restaurant Meridiano (17 Punkte Gault Millau) des Hotels mit Panoramasicht auf die Stadt und die Berner Alpen.

1. Tag Laubenbummel und Besuch des Zytgloggenturms. Mittagessen im Schwellenmätteli. Abendessen im Verdi, anschliessend Nachtbummel durch die Innenstadt und Besuch des Casinos Kursaal im Allegro (Eintritt für Hotelgäste gratis).
Langschläfer Nur Laubenbummel.
Schlechtwetter Laubenbummel, Besichtigung Einsteinhaus und Kunstmuseum.

2. Tag Besuch des Zentrums Paul Klee, Mittagessen im Restaurant Schöngrün des Zentrums, Fahrt mit der Bahn auf den Gurten. Spaziergang und Einkehr im Tapis Rouge.
Langschläfer Nur Paul-Klee-Zentrum.
Schlechtwetter Wellness im Hotel, dann Zentrum Paul Klee.

Ein Stadthotel mit Alpenblick

Der Gedanke daran, dass schon etliche berühmte Persönlichkeiten in dieser Suite in der abgeschlossenen VIP-Etage logiert haben, verleiht ein gutes Gefühl. Ob der Scheich Saud bin Saqr Al Qasimi wohl auf dem Designersessel sass oder das Sofa bevorzugte? Bill Clinton hat sich hier aufgehalten, als er im Mai 2005 als Stargast im Casino Kursaal am Alpensymposium zum Thema «The Ultimate Leadership Experience» sprach. Kam er wohl klar mit dem Stöpsel der Sprudelwanne? Heute lässt sie sich nicht schliessen, die Hilfe eines Zimmermädchens muss in Anspruch genommen werden. Dann aber sprudelt es ganz wunderbar und prickelt auf der Haut, und der Blick durch die offene Terrassentür ins dichte Grün der Bäume ist herrlich.

Der Komfort der Suiten, vor allem der Nummer 706, im Dachgeschoss des Hotels Allegro ist kaum zu übertreffen. Für alle, die auf dieser Etage logieren, steht ein Aufenthaltsraum zur Verfügung, wo neben Getränken auch Früchte und kleine Snacks für den kleinen Hunger zwischendurch bereit stehen. Aber auch in den günstigsten Zimmern des Hotels, deren Fenster ins Atrium hinausgehen, fühlt man sich wohl. Eigentlich sind die Zimmer wie Innenkabinen eines Schiffes. Doch eine raffinierte Verglasung verschafft dem Gast den Eindruck, das Fenster gehe auf einen schmalen, sonnenbeschienenen Hinterhof mit Kiesboden. Die Zimmer sind im Japan- oder im Broadway-Stil eingerichtet und kosten am Wochenende weniger als 200 Franken. Wer kein unbeschränktes Weekendbudget hat, kann also gut am Zimmerpreis sparen, um mehr für die kulinarischen Versuchungen übrig zu haben: Im sechsten Stock in der Nähe des Eingangs zum Casino kann man sich im Restaurant Meridiano auf höchstem Niveau verköstigen lassen. Mit 17 Gault-Millau-Punkten wurde die Küche von Fredi Boss ausgezeichnet. Der junge, bescheiden auftretende Chef-

Seite 96: Berauschendes Erlebnis: Flussrestaurant Schwellenmätteli über der Aare.
Unten: Hier stieg Bill Clinton ab: Hotel Allegro mit Paul-Klee-Suite.

koch begrüsst und berät die Gäste gerne persönlich. Wenn das Lokal voll ist und die Gäste lange warten müssen, so werden sie mit Amuse-gueules derart verwöhnt, dass sie schon vor dem Hauptgang fast satt sind. Ein besonderer Genuss ist das Mahl an einem Tisch auf der Terrasse, von der man über die ganze Altstadt bis zum Berner Hausberg Gurten blickt.

Spätnachts gehts in den Kreissaal
Vom Hotel führt die Kornhausbrücke über die tief unten fliessende Aare hinweg geradewegs in die Innenstadt und zu den Berner Trendlokalen: der Kornhauskeller mit seiner lang gezogenen Bar auf der Galerie, auf der anderen Strassenseite die Restaurants des Pyrénées und Ringgenberg, das im Sommer das kleine Plätzchen zwischen Brunngasse und Kornhausbrücke als Garten benutzt. Über die Brunngasse gelangt man zur Brunngasshalde, wo in einem Haus mit alter Holzfassade und langer Geschichte der Kreissaal liegt, eine Lounge und Bar mit buntem Publikum. Noch ist es jedoch zu früh für dieses Lokal, zunächst ist Window-Shopping unter den Lauben angesagt. Unterhalb des Zytgloggenturms, der an der Ecke Kornhausplatz/Marktgasse steht, gibt es viele kleine attraktive Läden und Boutiquen, die in anderen Schweizer Städten nicht zu finden sind. Die Sattlerei von Fiona Losinger etwa an der Münstergasse. Die junge Frau macht die zeitlosesten und robustesten Handtaschen weit und breit aus dickem Leder im Tornisterstil – Stücke fürs Leben, die in Bern Kult sind. Das Leder ist pflanzlich gegerbt, und die moderne Sattlerin verwendet nur «Häute von Tieren, die man isst». Dazu gehören neben Rind auch exotischere Spezies wie Strauss, von dem man die Beinhaut verarbeitet, und Rochen, der ein mit Punkten strukturiertes, glänzendes Leder abgibt. Genäht werden die Stücke auf einer uralten Tretmaschine, die wie ein Museumsstück mitten im Laden steht.

Das schönste Flussrestaurant weit und breit
Nicht weit von der Sattlerei in der Münstergasse befindet sich der Weihnachtsladen mit Tausenden von Kinkerlitzchen, die man nicht braucht und doch so gerne haben möchte. Weiter unten verkauft Robert Güntert in Holz Art neben verschiedenen Figuren und Figürchen aus Holz kunstvolle Miniatur-Weihnachtstürme, deren meterhohe Verwandte im Erzgebirge noch heute anstelle von Weihnachtsbäumen Strassen und Plätze schmücken. Weiter gehts am Münster vorbei hinunter Richtung Nydeggbrücke,

die zum Bärengraben führt. Wer gut zu Fuss ist und gerne lange Mittagspause macht, sollte irgendwann einmal abdrehen und zum Casinoplatz zurückgehen, von wo eine Treppe an die Aare hinunter führt. Flussaufwärts kommt man über die Dalmazibrücke auf die andere Seite, den Dalmaziquai, der direkt an die Riviera führt. Seit Sommer 2004 liegt hier ein Dreigespann von Restaurants, das Schwellenmätteli, direkt an und auf der Schwelle, die die Aare hier abbremst, bevor sie in einem grossen Bogen rund um die Altstadt fliesst. Ein italienisches Restaurant und eine Lounge gibt es für kühlere Zeiten. Herzstück des Schwellenmätteli aber ist die Holzterrasse, die zwanzig Meter in den Fluss hinaus gebaut wurde. Durch den Glasboden sieht man direkt aufs Wasser. Im hinteren Teil werden an Holztischen leichte, trendige Menüs serviert, vorne lässt es sich in bequemen Fauteuils und Liegestühlen bei einem kühlen Drink wunderbar dem Rauschen des Flusses zuhören. Vielleicht wird auch der Zugang eines Tages einfacher: Es gibt Pläne für einen Glaslift, der die Gäste von der Mitte der hohen Kirchenfeldbrücke direkt zum Schwellenmätteli hinunterbringt.

Inplace mit Perspektive:
Die Bar auf der Galerie des Kornhauskellers in der Altstadt.

Man nehme sich Zeit für den Zytgloggeturm

Spätestens um halb drei sollte man sich vor dem Zytgloggenturm einfinden. Dann startet die offizielle Führung durch das westliche Stadttor von Bern. Von aussen kennt die ganze Welt dieses Berner Wahrzeichen, doch erst im Innern wird ersichtlich, wie genial die Uhr des Zytgloggenturms ist, vor der sich die Touristen immer vier Minuten vor der vollen Stunde versammeln, um den Hahnenschrei zu hören und die laufenden Bären zu sehen. Das Uhrwerk aus dem 16. Jahrhundert ist bis heute unverändert geblieben, und die Besucher können zum Beispiel beobachten, wie das Laufwerk, das den Blasbalg aufbläht und zusammendrückt, einrastet und damit den Schrei des Hahns auslöst. Vom Dachgeschoss des Turms sieht man ausserdem auf beide Seiten über die Altstadt. Wer trotz der steilen Treppen und Leitern die Kamera mitnimmt, erspart sich auf diese Weise den viel längeren Gang zum Fototermin auf den Münsterturm.

Wasserspiel mit Symbolgehalt:
Der neu gestaltete Bundeshausplatz mit den 26 Fontänen, die für das Zusammenspiel der Kantone stehen.

Ganz in der Nähe des Zytgloggeturms befindet sich das Einsteinhaus. Weil der Physiker und spätere Nobelpreisträger Albert Einstein während der sieben Jahre, die er in Bern lebte, den grössten Teil seiner Relativitätstheorie schuf, widmete ihm Bern zu seinem 50. Todestag im Jahr 2005 ein Jubiläumsprogramm mit einem neunzig Stationen umfassenden Themenweg und einer grossen Ausstellung. Das Jubeljahr überdauert hat das Wohnhaus an der Kramgasse, das sanft renoviert wurde und Einblick gibt ins Leben des genialen Wissenschaftlers.

Wen nach Bummel und Besichtigung der Hunger plagt, ist abends noch viel besser bedient als mittags. Das Angebot an feinen Restaurants ist gross. Das Verdi etwa ist sehr beliebt, ein italienisches Lokal, das mit Bildern und Klängen von Verdi seine Gäste in Feststimmung versetzt. Eine schöne Sicht über die Stadt, eine gute Küche und ein neues, schlichtes Interieur bietet der Rosengarten auf der Höhe der Aarebiegung, das einem darüber hinaus zwei Flüsse und eine geometrisch ausgerichtete Altstadt zu Füssen legt.

Lieben Sie Klee?

Neuestes Highlight und absolutes Muss ist das Klee-Museum. Schon allein weil es vom Genueser Stararchitekten Renzo Piano gebaut ist, zieht es Publikum aus dem In- und Ausland in Massen an. Die drei stählernen Wellen, die eine Landschaftsskulptur bilden, sind denn auch tatsächlich sehenswert. Paul Klee ist in Münchenbuchsee geboren und sprach Berndeutsch. Doch die Stadt Bern mochte er nie wirklich – und sie ihn nicht. Man verachtete hier seine Kunst und das Bürgerrecht wurde ihm zeitlebens verweigert. Jetzt aber hat die Stadt Klee entdeckt und nutzt ihn als Standortvorteil, um mit einem Museum internationales Renommee in der Kunstszene zu gewinnen. Den Besuchern können diese Hintergründe egal sein – ihr Interesse an Bern und Klee wird mit der weltgrössten Sammlung von Werken des Künstlers belohnt.

Wem Klees Kunst und Pianos Architektur als Entdeckungen nicht reicht, fährt vor dem Besuch des Museums mit der schnellsten Standseilbahn Europas auf den Berner Hausberg, den Gurten. Oder er erklimmt den Turm des Münsters. Auch das besser vor dem Klee-Museum. Nach der geballten Ladung an Kunst in den drei Wellen wird man die Kraft dazu kaum mehr finden. Paul Klee schrieb einmal: «Der Berner Sonntag Nachmittag ist immer so bedrückend.» Ironie der Geschichte: Dass dies heute nicht mehr stimmt, dafür sorgt nicht zuletzt das Zentrum Paul Klee.

Kunst in Wellen: Das 2005 eröffnete Paul-Klee-Zentrum, entworfen vom Stararchitekten Renzo Piano.
Seite 103: Uhrwerk im Zytgloggeturm.

Was wo wie viel

Unterkunft Hotel Allegro Grand Casino Kursaal Bern, Kornhausstrasse, Bern, Tel. 031 339 55 00, allegro@kursaal-bern.ch. Zimmer ab 310 CHF, Wochenendpauschalen ab 219 CHF. www.kursaal-bern.ch

Anreise mit Bahn bis Bern, Tram Nr. 9 bis Haltestelle Kursaal. Mit Auto bis Wankdorf, dort Richtung Stadtzentrum, auf Papiermühlestrasse nach Bea links in Victoriastrasse einbiegen, links in Kornhausstrasse bis zum Kursaal/Hotel Allegro.

Restaurants Ringgenberg, Kornhausplatz 19, Bern, Tel. 031 311 25 40.

Verdi, Gerechtigkeitsgasse 5, Bern, Tel. 031 312 62 88.

Rosengarten, Laubeggstrasse, Bern, Tel. 031 311 32 06, info@rosengarten.be. Tram 10 bis Station Rosengarten. www.rosengarten.be

Schwellenmätteli, Dalmaziquai 11, Bern, Terrasse, Casa und Lounge, Reservation Tel. 031 350 50 01, info@schwellenmaetteli.ch www.schwellenmaetteli.ch

Kreissaal, Brunngasshalde 63, Bern, Tel. 031 312 50 00, geöffnet 22–02.30 Uhr, www.kreissaal.be

Museum Zentrum Paul Klee, Monument im Fruchtland 3, Bern, Tel. 031 359 01 01. Öffnungszeiten: Dienstag–Sonntag 10–17 Uhr, Donnerstag 10–21 Uhr, Shop und Café bis 18 Uhr, Eintritt 18 CHF. www.zpk.org

Besichtigungen Zeitglockenturm, Führung Nebensaison 14.30–15.20 Uhr, Hauptsaison 11.30–12.20 Uhr, Treffpunkt vor dem Turm, Kosten 12 CHF. Informationen: Bern Tourismus, Laupenstrasse 20, Tel. 031 328 12 12, info@berninfo.com. www.berninfo.com

Einsteinhaus, Kramgasse 49, Tel. 031 312 00 91. Öffnungszeiten: Montag–Sonntag 10–17 Uhr (Januar 2011 geschlossen) Eintritt 6 CHF. www.einstein-bern.ch

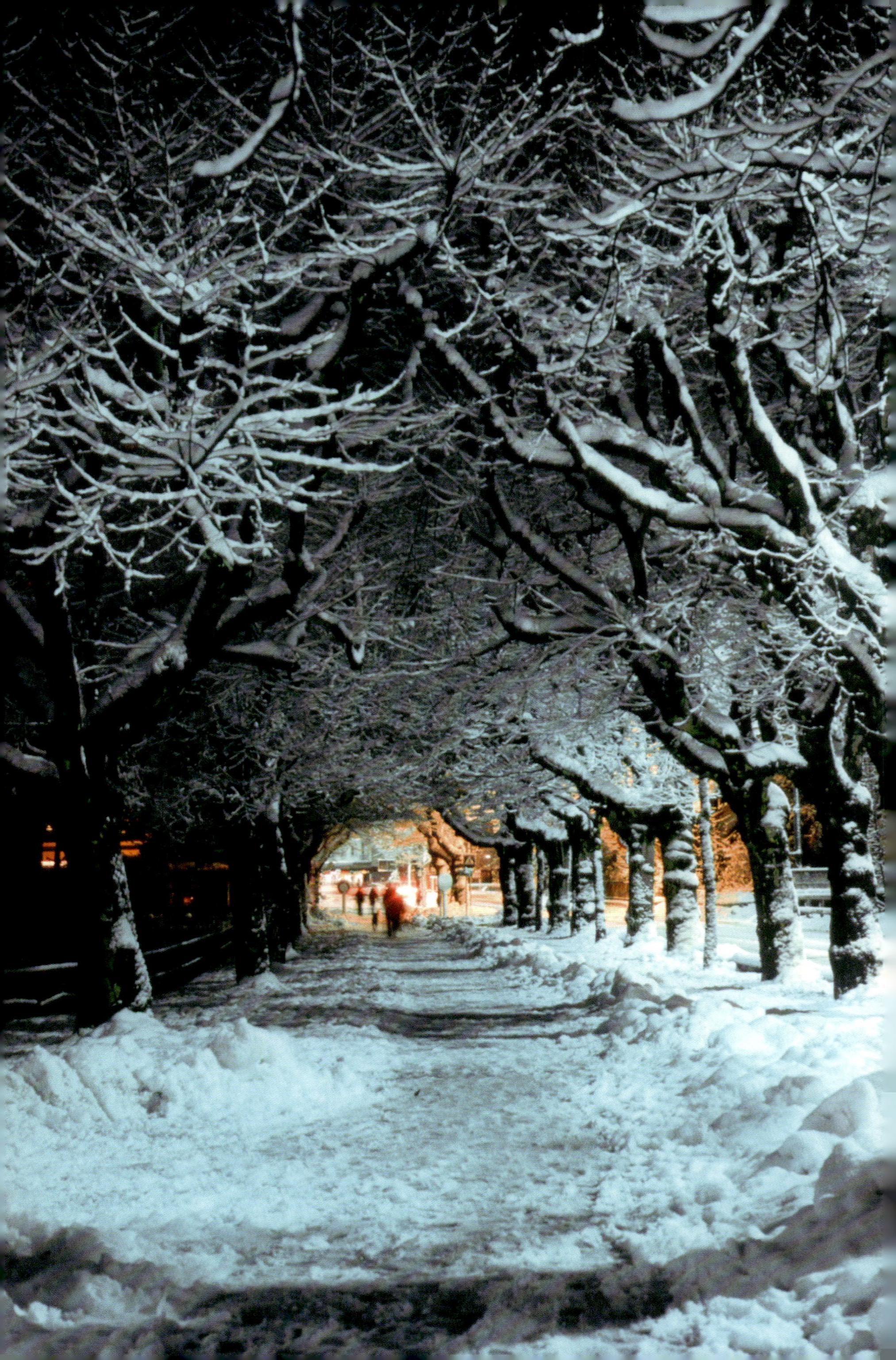

MITTELLAND TIPP **12**

Biel/Bienne
Ein deutschfranzösisches Wintermärchen

Unterkunft Villa Lindenegg, lauschig im Park gelegenes Herrschaftshaus aus dem 19. Jahrhundert, 1995 sanft renoviert und in ein Hotel mit acht schönen, zum Teil sehr grossen Zimmern umgebaut.
Anreise Mit der Bahn nach Biel/Bienne, anschliessend Bus und kurzer Fussweg bis zur Villa. Oder mit dem Auto. Auf dem Hotelareal gibt es keine Parkplätze.
Verpflegung Restaurant Lindenegg, gute marktfrische Küche in schönem Ambiente. Restaurant Pfauen, Im Herzen der Altstadt am Ring, im Sommer sehr schön, um draussen zu sitzen. Sehr gute währschafte Küche mit modernem Touch (Rösti-Spezialitäten, Cordon bleu, aber auch anderes). Restaurant Paradisli, Nähe See, gleich neben dem Magglingenbähnli. Originelles Restaurant, unter anderem sehr gute thailändische Spezialitäten.
Restaurant Opera Prima, ausgezeichneter, kleiner, feiner Edelitaliener
Ankunft Nachtessen im Paradisli.

1. Tag Skifahren, Schlitteln, Spazieren in Prés d'Orvin, (Bus ab Leubringenbahn), dann Spaziergang durch die Altstadt und Besuch des Centre PasquArt.
Langschläfer Spaziergang durch die Altstadt und Besuch des Centre PasquArt.
Schlechtwetter Kinomarathon. Abends Barhopping rund um den General-Guisan-Platz, zum Beispiel im Blue Note Club mit zum Teil ausserordentlichen Konzerten und DJs am Freitag und Samstag ab 22 Uhr.

2. Tag Ausflug nach Solothurn, Rundgang durch das Barockstädtchen. Dann mit dem Zug weiter nach Oberdorf, mit dem Postauto oder der geplanten Gondelbahn auf den Weissenstein, oben Restaurant mit feiner Gulaschsuppe, sehr schöne Schlittenfahrt ins Tal.
Langschläfer Stadtrundgang oder Schlitteln weglassen.
Schlechtwetter Ausflug nach Kerzers ins Papiliorama und Nocturama.

Die Sonnenterrasse von Biel

2005 war ein gutes Jahr. Da fiel in Prés d'Orvin am 15. März um zwölf Uhr mittags der letzte Schnee. Die Skischule der Naturfreunde, die hier auf der Sonnenterrasse hoch über Biel ein Lagerhaus betreiben, konnte zuvor jeden Sonntag ihre Skikurse für Kinder und Erwachsene durchführen. Die dreissig Schneesportlehrer, die die Schule zählt, waren voll ausgelastet. An Wochenenden wurde das Skigebiet regelrecht überrannt, alleine am Berchtoldstag nahmen die Skiliftbetreiber mehr ein als in der gesamten vorhergegangenen Saison.

Wer das Glück hat, Biel während einer ähnlichen klimatischen Lage zu besuchen, erlebt den Winter von seiner ungewöhnlichsten Seite.

Die Leubringenbahn bringt die Schneesportler vom Stadtzentrum in die Höhe, von dort fährt ein Bus zu den Skiliften, Langlaufloipen und der Schlittelbahn. Fünf Schlepplifte bilden das Skigebiet von Prés d'Orvin, wobei Prés – Wiese – wörtlich zu nehmen ist: Die Pisten werden auf sanften Hügeln und Matten präpariert, die meisten sind blau markiert, schwarze und Expertenpisten gibt es keine. 300 Meter Höhendifferenz liegen zwischen der Talstation auf 1045 Meter und dem höchsten Punkt. Man braucht also keinen Tag, um alle Pisten einmal abzufahren. Etwas länger sind die Loipen. Acht verschiedene Strecken bilden ein Langlaufnetz von fünfzig Kilometern, die mit 17 Kilometern längste führt auf den Chasseral. Die meisten Weekendreisenden werden es allerdings vorziehen, ohne Skier nach Prés d'Orvin hochzufahren und das beschauliche Wintersportgebiet für ein paar Stunden als Fussgänger zu geniessen. Denn Biel selber will an diesem Tag auch noch entdeckt werden.

Seite 104: Bieler Museumsmeile: An der Seevorstadt liegen gleich mehrere sehenswerte Museen.
Unten: Logieren wie ein Uhren-Patron: Die Villa Lindenegg.

Wakkerpreiswürdiges Stadtbild

Die zweitgrösste Stadt im Kanton Bern kennen die meisten noch von der Expo.02 – oder erst seit der Expo.02. Die spektakuläre Arteplage mit den in den See hinaus gebauten Pavillons lockte unzählige Besucher an. Doch für Biel selbst blieb bei den wenigsten Zeit. Dabei hatte sich die Stadt auf die Landesausstellung hin extra herausgeputzt, und zwar so gekonnt, dass sie 2004 dafür mit dem renommierten Wakkerpreis des Schweizer Heimatschutzes ausgezeichnet wurde.

Vor allem die Achse Altstadt–Zentralplatz–Bahnhof wurde durch eine neue Gestaltung aufgewertet und über den neu geschaffenen Robert-Walser-Platz Richtung See verlängert. Eine Reihe wichtiger Gebäude wurde renoviert, unter anderem das Kongresshaus, das Kunsthaus Centre PasquArt und das Volkshaus. Dabei ist es der Stadt gelungen, das richtige Mass zwischen Renovation und Erhaltung des Cachets zu finden: Biel ist nicht zu Tode renoviert, neben herausgeputzten Häusern und Plätzen sind immer noch staubige Hinterhöfe und leicht vergammelte Lokale zu finden. Das mag an der Mentalität der Bieler liegen, die stark von der Zweisprachigkeit geprägt ist: Hier an der Sprachgrenze geht es nicht so perfektionistisch zu, das sympathische Laisser-faire der Romands trägt man hier auch in sich.

So wie die Stadt ist auch die schönste Unterkunft: sanft renoviert und lauschig in einem grossen Garten gelegen. Villa Lindenegg heisst das Idyll. Das Herrschaftsgebäude aus dem 19. Jahrhundert hat verschiedenen

Malerisch: Das Zentrum der Altstadt ist der Ring mit dem berühmten Vennerbrunnen (links).

Moderne Klarheit: Der preisgekrönte Neubau des Bieler Kunst- und Fotomuseums PasquArt von den Basler Architekten Diener & Diener.

illustren Bieler Familien als Residenz gedient, bevor die Stadt in einem Anflug von politischem Ehrgeiz die Villa 1985 erwarb und zu ihrem offiziellen Gästehaus machte. Acht Jahre später fiel es dem Sparzwang zum Opfer und wurde geschlossen. 1995 übernahmen drei initiative Frauen die Villa in Miete und machten daraus ein Bijou von einem Kleinhotel. Acht verschiedene Zimmer stehen den Gästen zur Verfügung, am herrschaftlichsten ist die Nummer vier, die auf die grosse Sonnenterrasse des Anwesens hinausgeht. Von hier lässt sich, wie einst die berühmten Herrschaften, in Besitzermanier das ganze Anwesen überblicken.

Im Bistro gibts zum Apéro Tapas und Crostini und abends frische Saisongerichte. Wer Stadtluft schnuppern will, hat neben trendigen Clubs und Bars Dutzende von guten Lokalen zur Auswahl. Der Pfauen im Herzen der Altstadt serviert währschafte Kost mit hervorragenden Röstivariationen. Das Paradiesli gleich neben der Station des Magglingenbähnchens bietet köstliche thailändische Spezialitäten, und in der kleinen, aber feinen Opera Prima kommen Liebhaber edler italienischer Küche auf ihre Kosten.

Ein kulturelles Muss ist das Centre PasquArt, ein fast fensterloser Bau an der Seevorstadt – allein schon wegen der preisgekrönten Architektur des Basler Büros Diener & Diener. Das Zentrum vereint Kunsthaus, Fotoforum

MITTELLAND TIPP 12

Barocker Überfluss: Solothurn, einst Sitz der französischen Ambassadoren in der Schweiz, lohnt einen Abstecher.

und Filmpodium und bildet mit dem Museum Schwab (Archäologie) und dem Museum Neuhaus für Kunst und Geschichte des 19. und 20. Jahrhunderts die so genannte Bieler Museumsmeile. Dieses Programm lässt sich auch bei kaltem und nassem Wetter realisieren. Eine andere Möglichkeit, unfreundlicher Witterung zu entgehen, bieten die Bieler Kinos. Keine andere Schweizer Stadt bietet auf so wenig Quadratkilometern so vielseitiges Kinovergnügen. Und: Die Kinos gehören mit zu den komfortabelsten der Schweiz. Es gibt Kuschelsitze, zum Teil Stangen für die Füsse, Tischchen und riesengrosse Leinwände.

Schlitteln am Solothurner Hausberg

Schönes Winterwetter sollte man allerdings zu einem zweiten Ausflug in die Höhe nutzen, und zwar auf den Weissenstein oberhalb von Solothurn: Anstelle der alten Sesselbahn, die durch eine neue Seilbahn ersetzt werden soll, bringt einen heute das Postauto auf den Solothurner Hausberg. Der Blick von oben auf das winterliche Seeland ist grandios. Fast noch schöner ist es, wenn Nebel liegt und der 1300 Meter hohe Bergrücken ein riesiges Wattemeer begrenzt. Zwei rasante Schlittelbahnen führen hinab, die eine nach Gämsbrunnen, die andere nach Obersdorf, der Talstation der Seilbahn.

Komplett ist der Ausflug allerdings nur mit einer Besichtigung der Barockmonumente Solothurns: Das imposante Baseltor, die St. Ursen-Kathedrale mit der italienischen Treppe, das noble Palais Besenval und schliesslich die Jesuitenkriche geben einen Eindruck davon, wie wichtig diese Stadt einmal war.

Oder ab in die Tropen

Bei schlechter Witterung lohnt sich die Fahrt auf den Weissenstein kaum. Dann liegt ein anderes Kleinod der Natur näher: das Papiliorama in Kerzers zwischen Bieler- und Murtensee. Diese Mischung aus botanischem Garten und Zoo lässt Wind und Wetter ganz vergessen. In 26 Grad Wärme und 85 Prozent Luftfeuchtigkeit wachsen hier seltene Tropenpflanzen und leben Dutzende von verschiedenen Falterarten. Im Nocturama ist der Tages- mit dem Nachtzyklus vertauscht, und die Besucher können beobachten, was nachtaktive Tiere in den Dschungeln Süd- und Zentralamerikas so machen. Das ist ganz schön interessant. An das nachtaktive Biel kommen die Tropen allerdings nicht heran.

Eine Oase für nasskalte Wintertage: Das Papiliorama in Kerzers.
Seite 111: Die alte Sesselbahn auf den Weissenstein.

Was wo wie viel

Unterkunft Villa Lindenegg, Coin-des-tilleuls 5, Biel, Tel. 032 322 96 66, tilleul@bluewin.ch Doppelzimmer 170–270 CHF. www.lindenegg.ch

Anreise Mit der Bahn nach Biel/Bienne. Vom Bahnhof Bus Nr. 1 bis Mühlebrücke. Von dort zur Fuss zur Villa (2 Minuten). Mit dem Auto: in Biel am Bahnhof vorbei Richtung Neuenburg, Abzweigung Richtung Solothurn nehmen auf Seevorstadt bis Mühlebrücke. Privatparkplätze in der Nähe des Hotels auf Bestellung, Parkplatz Rosius mit Münzautomat. Auf dem Hotelareal gibt es keine Parkplätze.

Restaurants Pfauen, Ring 7, Biel. Tel. 032 322 49 13.

Paradisli, Seevorstadt 19, Biel, Tel. 032 322 28 60.

Opera Prima, J.Stämpfli-Strasse 2, Biel, Tel. 032 342 02 01.

Ausflüge Prés d' Orvin, mit dem Bus ab Bahnhofstrasse (Bahnhof). Tourismusbüro: Tel. 032 751 49 49. www.jurabernois.ch

Die alte Sesselbahn auf den Weissenstein hat ihren Betrieb eingestellt, eine neue Gondelbahn ist in Planung. Inzwischen fährt ein Postauto ab Bahnhof Oberdorf ab 9 Uhr jede Stunde bis 17 Uhr.

Solothurn Allgemeine Informationen: www.solothurn-city.ch

Schlitteln Mietschlitten bei der Bergstation Weissenstein, Miete 6 CHF.

Museen Centre PasquArt Kunsthaus Centre d'Art, Seevorstadt 71–75, Biel, Tel. 032 322 55 86. Öffnungszeiten Mittwoch–Freitag 14–18 Uhr, Samstag/Sonntag 11–18 Uhr. Eintritt 11 CHF (Zugang zu allen Ausstellungen inkl. Photoforum). www.pasquart.ch

Schwab, Archäologisches Museum, Seevorstadt 50, Biel, Tel. 032 322 76 03. Öffnungszeiten: Dienstag–Samstag 14–18 Uhr, Sonntag 11–18 Uhr.

Neuhaus, Schüsspromenade 26, Biel, Tel. 032 328 70 30. Öffnungszeiten: Dienstag–Sonntag 11–17 Uhr. Eintritt 7 CHF. www.mn-biel.ch

Papiliorama, Kerzers. Tel. 031 756 04 61. Öffnungszeiten: Im Winter 10–17 Uhr. Eintritt 17 CHF, Kinder (4–15 Jahre) 8 CHF. Anreise mit der S-Bahn bis Kerzers-Papiliorama (verkehrt stündlich). www.papiliorama.ch

Allgemeine Informationen Tourismus Biel Seeland, Zentralstrasse 60, Biel, Tel. 032 329 84 84, head@tbsinfo.ch. www.biel-seeland.ch oder www.biel-bienne.ch

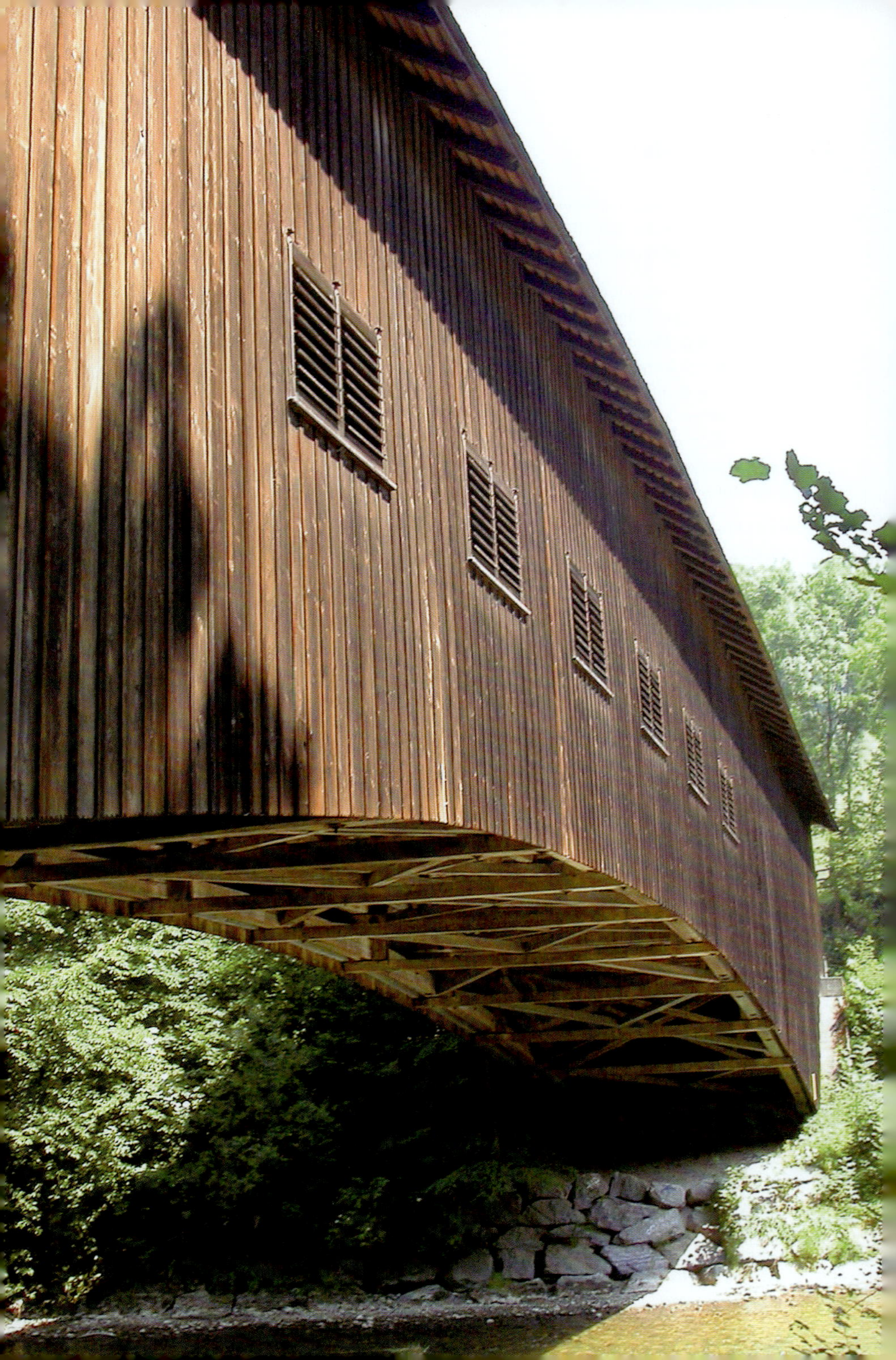

MITTELLAND TIPP **13**

Emmental
Über sieben Brücken musst du gehn

Unterkunft Hotel Stadthaus, nobles Viersternehaus mitten in der Altstadt, grosser Barockbau mit Laubenrestaurant, Atrium und feudalem Sandsteintreppenhaus, luxuriös eingerichteten Zimmern, alle mit freistehender Badewanne auf Füssen, Gourmetrestaurant.
Alternative: Hotel Berchtold: Schickes Dreisternehaus mit zeitgenössischem Design und frischer Atmosphäre unweit des Bahnhofs, mit In-Bar und trendigem Restaurant.
Anreise Mit der Bahn via Bern nach Burgdorf. Fussweg vom Bahnhof in die Altstadt hinauf (zirka 10 Minuten). Gratisabholdienst vom Hotel. Oder mit dem Auto.
Ankunft Bummel durch die Burgdorfer Altstadt, Nachtessen im Laubenrestaurant.

1. Tag Brückentour 1: Mit der S-Bahn über Bern-Wankdorf nach Signau, von dort Bus nach Eggiwil (zirka 1 Stunde), Wanderung der Emme entlang nach Emmenmatt, an neun Holzbrücken vorbei (3 Stunden). Mittagessen in Signau im Gasthof Schlossberg.
Langschläfer Wanderung ab Burgdorf nach Hasle und weiter nach Lützelflüh (2 Stunden), mit S-Bahn zurück (14 Minuten).
Schlechtwetter Besuch Schloss Burgdorf und Museum Franz Gertsch. Weiterfahrt nach Affoltern im Emmental, Besichtigung der Schaukäserei. Abendessen im Hotel.

2. Tag Brückentour 2: Mit dem Velo das andere Ufer der Emme entlang nach Langnau und weiter über Trubschachen nach Trub (sieben Brücken, 29 Kilometer) und zurück, oder ab Langnau zurück mit dem Zug (30 Minuten).
Langschläfer Nur bis Langnau und Dorfbesichtigung.
Schlechtwetter Fahrt nach Affoltern (mit Bahn/Bus 30 Minuten) und Besichtigung der Schaukäserei.

Ein Muss für Flusswanderer

Nein, die Brücke ist nicht rot gestrichen, und es steht kein Robert Kincaid alias Clint Eastwood mit seiner Kamera davor. Sie liegt auch nicht ganz so abgelegen wie das filmische Pendant in Amerika und würde sich allein deshalb wohl nicht als Drehschauplatz für eine Filmromanze wie der Kinoschlager «Die Brücken von Madison County» von 1995 eignen. Doch ansonsten hat die Äschaubrücke über die Emme bei Signau durchaus Ähnlichkeit mit der berühmten Filmbrücke im fernen Iowa. Und es ist nur eine von insgesamt 27 Holzbrücken in Wanderdistanz: Das Emmental ist besonders reich an diesen uralten, beeindruckenden Flussbauten. Wer gerne Flüssen entlang spaziert, dem drängt sich ein Ausflug zu den Holzbrücken im Emmental geradezu auf. Fast zehn Jahre nach dem berühmten Film und somit wohl ohne bewussten Brückenschlag von Madison County ins Berner Mittelland haben dies die Tourismuspromotoren in Burgdorf erkannt. Sie liessen vom Tiefbauamt des Kantons Bern und dem Oberingenieurkreis IV von Burgdorf eine Beschreibung dieser historischen Attraktionen erstellen und publizierten im Frühling 2004 den ersten Holzbrückenführer.

«Holzbrücken im Emmental und Berner Oberaargau» heisst der grossformatige Faltprospekt und führt durch 450 Jahre Handwerk und Bautechnik. Die Karte zeigt auf einen Blick: Zwischen Eggiwil und Emmenmatt folgen sich die Brücken besonders dicht, ebenso zwischen Langnau und Trub an der Ilfe, dem Zufluss der Emme.

Seite 112: Beeindruckendes Zeugnis der Holzbaukunst: Die gedeckte Brücke bei Hasle.
Unten: Filmreif: Äschaubrücke bei Signau.

Berner Barock in Burgdorf

Die Anreise empfiehlt sich über Burgdorf. Nicht, dass der Empfang besonders malerisch wäre – im Gegenteil: Wer von Kirchberg her auf die Stadt zufährt, sieht als erstes die beiden klotzigen Betonsilos der Mühle Dür und andere Industriebauten. Doch in Burgdorf liegt die ideale Unterkunft für einen Wochenendausflug, der zu den Emmentaler Holzbrücken führt: Das Hotel Stadthaus, ein typischer Berner Barockbau in der Oberstadt. Es liegt nicht nur zentral und – da in der verkehrsfreien Zone – trotzdem ruhig, sondern bildet auch einen bereichernden Kontrast zu den hölzernen Bauwerken entlang dem Fluss. Elegant, ja klassisch luxuriös ist die Inneneinrichtung mit viel schwerem, rotem oder sandfarbenem Tuch und lackierten Holzmöbeln. In den Badezimmern stehen die Badewannen auf Eisengussfüssen. Ein feudales Treppenhaus aus Standstein verströmt herrschaftliche Atmosphäre, und die rustikalen Dachbalken im obersten Stockwerk sind in elegantem Grau gehalten.

Das Viersternehaus bietet neben einem Gourmetrestaurant ein Fumoir, wo gepafft werden darf, was die Lungen aushalten, ein helles Atrium lädt zum Ruhen und Lesen ein, und im Café auf der Laube kann man die ganze Beschaulichkeit einer Berner Altstadt tanken. Einen Kontrast anderer Art und günstige Alternative bietet der Schwesterbetrieb des Stadthauses, das Hotel Berchtold in Bahnhofnähe, ein nicht überstyltes modernes Haus mit einem trendy Restaurant und einer Bar, die abends zum In-Treffpunkt der Stadt wird.

Rustikale Eleganz mit vier Sternen: Hotel Stadthaus in der verkehrsfreien Burgdorfer Oberstadt.

**Kunstmuseum als Kulturmagnet:
Was Paul Klee für Bern
ist Franz Gertsch für Burgdorf.**

Wer über das Kopfsteinpflaster der Altstadt am Kornhaus und am Designhaus vorbei in die Oberstadt gefunden hat, verspürt gleich Lust, die Umgebung zu erkunden. Die Gassen und Gässchen sind fast gänzlich autofrei und flankiert von bunten Läden und Boutiquen. Auch die Unterstadt hat einiges zu bieten, allem voran das Museum Franz Gertsch, Burgdorfs Pendant zu Berns Zentrum Paul Klee. Auch Burgdorf hat die Kulturstätte einem Medizinaltech-Milliardär zu verdanken, doch der Betrieb ist selbsttragend und kostet die Stadt nichts.

Wandern durch ein dreidimensionales Kalenderbild

Die verschiedenen Regionen des Emmentals sind nicht sonderlich gut mit der «Hauptstadt» verbunden. Um zum sinnvollsten Ausgangspunkt für eine Brückenwanderung entlang der Emme zu gelangen, muss man den Umweg über Bern-Wankdorf nehmen. Doch einmal in Eggiwil angelangt, ist solcherart Ungemach schnell vergessen. Der Bären am Dorfeingang ist mit seinem schweren Walmdach und dem blumigen Fensterschmuck ein dreidimensionales Kalenderbild, und gleich davor steht die erste gedeckte Holzbrücke, die schmucke Dörflibrücke. Auf sie folgt die Dieboldswilbrücke, eine mit grossem Bogen und Hängestangen verstärkte Traverse, die sogar für 28 Tonnen schwere Lastwagen passierbar ist, und später die ein-

MITTELLAND TIPP **13**

Das Emmental ist eine traditionelle Hochburg des Holzbaus: Dörflibrücke bei Eggiwil und typisches Wohnhaus.

gangs erwähnte Äschaubrücke. Der Weg führt auf einem schmalen Pfade meist direkt dem Fluss entlang und an verschiedenen erklärenden Schautafeln vorbei: Ein Streckenabschnitt bildet den Erlebnispfad Emme, ein Themenweg, der wie die meisten zwar ganz lehrreich ist, die beschauliche Umgebung aber ganz unnötig inszeniert.

Nicht alle Brücken sind gedeckt. Bei Äschau kommt man an einer eleganten alten Seilkonstruktion der Schweizer Pontoniere vorbei. Und nicht alles, was Holz ist, ist Brücke: Das Tal ist eine Hochburg der Holzindustrie. Überall leuchten dem Wanderer riesige Stapel frisch gesägten Holzes entgegen, grosse Hallen und Sägemaschinen stehen daneben. «Oil of Emmental – das Öl des Emmentals» steht auf einer grossen Reklameblache. Der Holzreichtum ist wohl zum Teil der Grund für die Vielzahl von Holzbrücken in der Region. Allerdings nimmt die Schweiz generell einen Spitzenplatz in dieser Sparte Bauwerke ein. Der «World Guide of Covered Bridges», der bezeichnenderweise in den USA erschienen ist, listet insgesamt 1500 Brücken auf. Davon entfallen auf die Schweiz immerhin 220 – auf Madison County dagegen nur gerade 19, und davon stehen nur noch fünf.

Nicht gerade romantisch wie bei der Roseman Covered Bridge in Madison County, aber doch idyllisch geht es bei der Bubeneibrücke vor Signau zu. Die moderne «Hüslibrücke» mit doppelspuriger Fahrbahn und wuchtigem Bogen liegt über einer Furt der Emme mit steinigem Bachbett, wo man barfuss den Fluss durchwaten kann. Hier planschen kleine Kinder in knöcheltiefem Wasser, lassen sich grössere mit Gummireifen den Fluss hinuntertreiben, und drei Hunde werden an der Leine durch das Flussbett geführt – in gebührendem Abstand voneinander und in hierarchisch korrekter Folge: Erst kommt der grosse Hirtenhund, dann ein hoch gewachsener Pudel und schliesslich der Zwergschnauzer.

Cheese Village und Gotthelf-Land

Der Vorgänger dieses Übergangs liegt flussabwärts, heisst heute Brunnmattbrücke und bildet einen krönenden Abschluss des Wanderwegs von Eggiwil nach Emmenmatt. Über eine Million Franken kostete das Versetzen der Brücke von ihrem ursprünglichen Standort in den Ruhestand hierher. Generell sind die Renovation und Verstärkung der Brücken oft teurer, als ein moderner Betonbau zu stehen käme, aber die Verantwortlichen haben den touristischen Wert der alten Brücken erkannt. Und doch ist man noch weit davon entfernt, sie touristisch so zu vermarkten, wie dies etwa in Madison County der Fall ist. Dort wird jährlich ein Covered Bridge Festival durchgeführt, das traditionelles Brauchtum und Handwerk der Region sowie lokale Spezialitäten in Ausstellungen und speziellen Märkten ins Zentrum rückt. Material für solche Aktivitäten wäre im Emmental jedenfalls reichlich vorhanden: Die Käsereien zum Beispiel geniessen hier eine so grosse Wichtigkeit, dass sogar eigene Verkehrsschilder auf sie hinweisen. Langnau gilt als Geburtsort des Emmentalers und Affoltern propagiert sich mit seiner grossen Schaukäserei als Cheese Village. Unter der Bezeichnung «Ämmitaler Ruschtig» wird heute bereits eine ganze Palette von regionalen Erzeugnissen vermarktet, sie reicht von Kräutern über Ziegenkäse bis zu Sumiswalder Pendulen.

Ein «Markenprodukt» schliesslich ist im Emmental omnipräsent: Jeremias Gotthelf, der Bauerndichter, der zu jeder Lebenssituation im Emmental etwas geschrieben hat, das sich als Zitat heranziehen lässt. Der Erfolg der TV-Doku-Soap «Leben wie in Gotthelfs Zeiten» hat das Verkehrsbüro auf die Idee gebracht, Touristen einfachste Unterkünfte in Spychern mit Betten aus getrocknetem Riedgras und Plumpsklo anzubieten. Bislang wurden allerdings erst zwei dieser Unterkünfte ausgemacht, denn auch im Emmental sind die Häuser komfortabler und moderner geworden, und die Zeit ist nicht, wie vielfach behauptet, stehen geblieben: In Burgdorf befindet sich mit dem Museum Franz Gertsch einer der modernsten Kunsttempel der Schweiz. Die Verkehrsbüros bieten den Touristen keine hölzernen Hochräder, sondern Elektrobikes an. Und die Brücken über die Emme erinnern an einen Hollywood-Film.

Emmentaler und Gotthelf: die zwei wichtigsten Marken der Region.
Seite 119: Das Schloss von Burgdorf.

Was wo wie viel

Unterkunft Hotel Stadthaus, Kirchbühl 2, Burgdorf, Tel. 034 428 80 00, info@stadthaus-group.ch. Doppelzimmer ab 270 CHF, Einzelzimmer ab 210 CHF. www.stadthaus.ch

Günstigere Variante: Hotel Berchtold, Bahnhofstrasse 90, Burgdorf, Tel. 034 428 84 28, info@stadthaus-group.ch. Doppelzimmer ab 195 CHF, Einzelzimmer ab 160 CHF. www.hotel-berchtold.ch

Anreise Mit der Bahn über Bern nach Burgdorf. Vom Bahnhof Fussweg in die Altstadt hinauf (10 Minuten) oder Gratisabholdienst vom Hotel. Mit dem Auto: A1 nach Bern, Ausfahrt Kirchberg, bei Kreisel geradeaus nach Burgdorf, beim dritten Kreisel in Burgdorf (linkerhand ist eine Coop-Tankstelle) den braunen Hotelschildern folgen. Das Hotel kümmert sich um einen Parkplatz.

Restaurants Gourmet-Restaurant Pendule, im Hotel Stadthaus, Adresse siehe Unterkunft.

Lauben-Restaurant Stadtcafé im Hotel Stadthaus, Adresse siehe Unterkunft.

Gasthaus Schlossberg, Signau, Tel. 034 497 11 77. www.schlossberg-signau.ch

Art Café im Museum Franz Gertsch, Burgdorf, Tel. 034 421 40 14.

Ausflüge Brückentouren: Plan mit Karte und Beschreibungen sowie andere Broschüren erhältlich bei Regionalverkehr Mittelland, Tourist Office, Bahnhofstrasse 44, Burgdorf, Tel. 034 424 50 65, www.burgdorf.ch. www.regionalverkehr.ch. Holzbrückenführer als Download bei www.emmental.ch

Besichtigungen Emmentaler Schaukäserei, Affoltern im Emmental, Tel. 034 435 16 11, info@showdairy.ch. Öffnungszeiten täglich 8.30–18.30 Uhr. Restaurants, Bäckerei/Konditorei und Handwerksladen. www.showdairy.ch

Gotthelf-Stube, Lützelflüh. Öffnungszeiten: Dienstag–Samstag 14–17 Uhr, Sonntag 10.30–12.30 und 14–17 Uhr. Eintritt 2 CHF. Informationen: Gemeindeverwaltung Lützelflüh, Tel. 034 460 16 11 oder Verena Hofer, Bifangweg 11, Lützelflüh, Tel. 034 461 26 20.

Museum Franz Gertsch, Platanenstrasse 3, Burgdorf, Tel. 034 421 40 20, info@museum-franzgertsch.ch. Öffnungszeiten: Mittwoch–Freitag 10–18 Uhr, Samstag/Sonntag 10–17 Uhr, Eintritt 12 CHF, Samstag 8 CHF. Öffentliche Führung: Sonntag 11 Uhr. www.museum-franzgertsch.ch

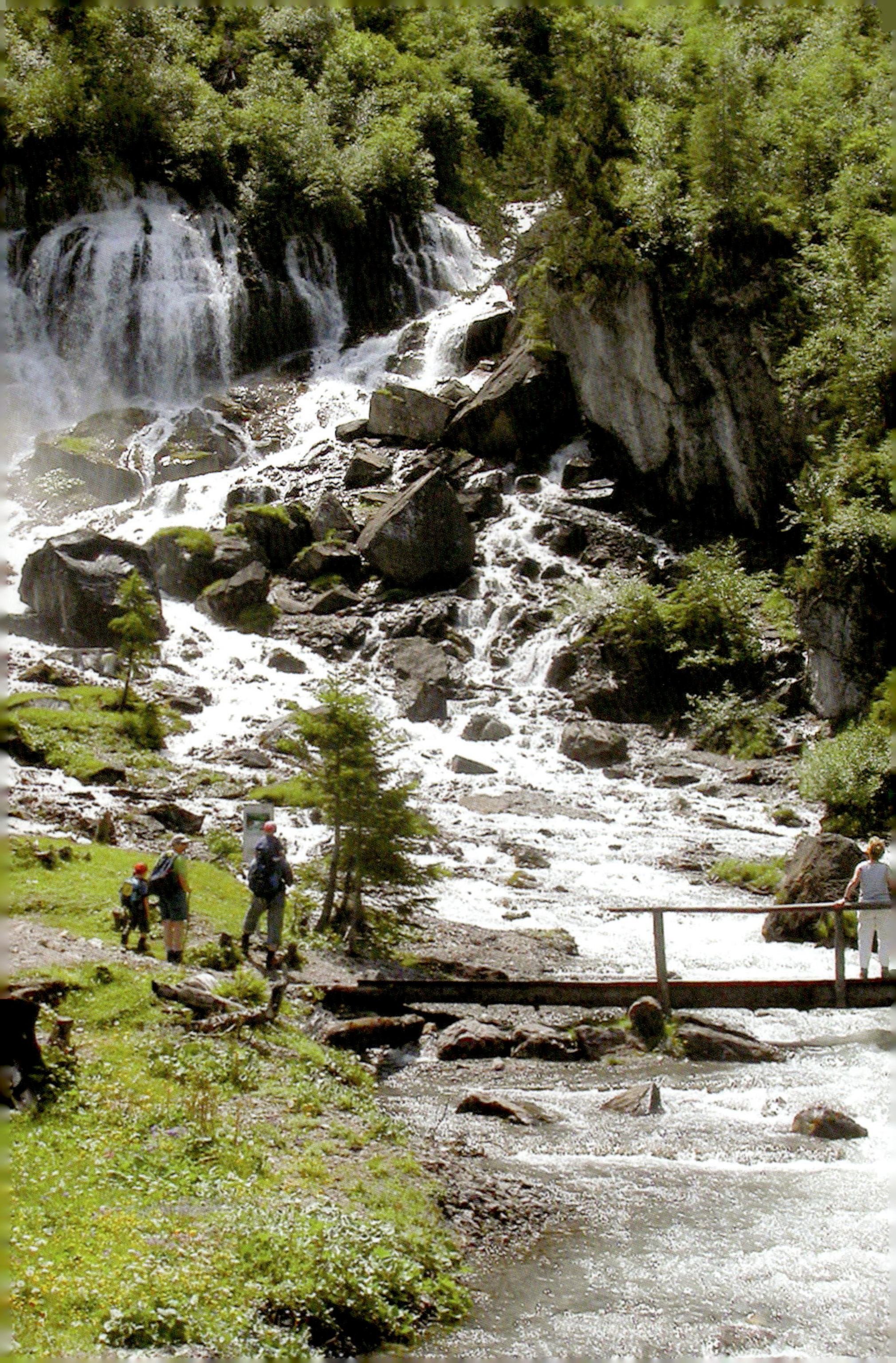

MITTELLAND TIPP **14**

Simmental
Zwischen Sprudelbecken und Siebenbrunnen

Unterkunft Lenkerhof Alpine Resort, Lenk. 33 Zimmer, 31 Junior-Suiten und 4 Suiten, 3 Restaurants, eines davon, das Spettacolo, mit 16 Punkten Gault Millau und eines für Kinder, internationale und regionale Spezialitäten sowie mediterrane Küche und leichte Kost, beeindruckende Weinkarte, Bar, Vinothek, Kinderclub, Hallen- und Aussenbad, 2000 Quadratmeter grosse Wellnessanlage, Kinderspielplatz, Park, Mountainbikes, Beachvolleyball, direkt am Wanderwegnetz gelegen.

Anreise Mit der Bahn via Bern, Spiez, Zweisimmen nach Lenk, Gratisabholdienst des Hotels ab Bahnhof Lenk. Oder mit dem Auto über Bern, Interlaken, durch das Simmental nach Lenk. Das Hotel liegt am Dorfausgang.

Ankunft Besuch des Schwefelbades oder der Sauna. Abendessen im Hotel.

1. Tag Wanderung von der Lenk zum Iffigfall, über Langematte und Siebenbrunnen auf der Retzliberg-Alp zu den Simmenfällen und zurück nach Lenk (4 Stunden). Mittagessen im Berggasthaus Siebenbrunnen.
Langschläfer Wanderung über die Simmenfälle zur Simmenquelle Siebenbrunnen auf der Alp Retzliberg und zurück (2 Stunden).
Schlechtwetter Wellness im Hotel Lenkerhof.

2. Tag Wanderung von Oberwil nach Därstetten: Steinzeithöhle Schnurrenloch, kraftvolle Bunschischlucht, Heilquelle Weissenburg, Kirche Därstetten (3 Stunden). Mittagessen im Gasthaus Alte Post in Weissenburg.
Langschläfer Fahrt mit der Gondelbahn auf den Betelberg und Wanderung entlang dem Murmeli Trail zum Ausgangspunkt zurück (2 Stunden).
Schlechtwetter Dampfen und Schwitzen im Spa des Lenkerhofs. Oder frühe Abreise und Abstecher nach Bern. Besuch des Zentrums Paul Klee.

Ein wahrer Jungbrunnen

Nirgends in den Berner Alpen lässt es sich schöner planschen als hier: Den Körper von den Sprudeln sanft massieren lassen und derweil das Alpenpanorama betrachten – das ist Genuss der Extraklasse. Das «aussichtsreiche» Sprudelbecken steht am Dorfausgang von Lenk, im Hotel Lenkerhof. Das Hotel hat seit dem Umbau in ein Resort modernen Zuschnitts viel Lob und Lorbeeren bekommen, und es gibt Stimmen, die sagen sogar, es sei das beste Ferienziel der Schweiz. Sie haben Recht: Warum? Der Lenkerhof ist einfach anders als alle anderen. Es beginnt beim Eintreten: Die Hotelhalle empfängt die Gäste mit wilder Vielfalt. Starke Farben, viel Gold und ein Stilmix von nordafrikanischem über italienisches Design bis hin zum alpenländischen Kuhfell bilden eine Bühne, auf der sich jeder sofort wohl fühlt. Eklektizismus nennt sich der Stil. Dahinter wechselt die Kulisse mit jedem Raum, einmal distinguiert elegant, einmal frisch und frech. Die Zimmer mit Design-Möbeln sowie italienischen Kacheln in den Bädern sind gestylt, aber strahlen dennoch Wärme

Seite 120: Der steile Aufstieg auf den Retzliberg lohnt sich: Siebenbrunnen, die Quelle der Simme.
Unten: Alles ist darauf angelegt, dass der Gast sich glücklich fühlt: Alpinresort Lenkerhof, «Gault-Millau-Hotel des Jahres 2005».

aus. Der Morgenkaffee hat beste Espresso-Qualität und das Essen ist ein Traum: Das Sommerreh in Thymiankruste schmilzt auf der Zunge, und das Niveau der Weine im Offenausschank ist kaum zu übertreffen.

«7 sources», nach den sieben Quellen der Simme, heisst das Hotel-Spa mit Beautyabteilung. Die Erwachsenen werden mit einem gigantischen Saunapark verwöhnt, die Kinder mit einer zweistöckigen Wasserrutschbahn. Dazu gibt es selbstverständlich eine Fülle von Wohlfühl-, Fitness- und Schönheitsbehandlungen. Über allem schwebt der feine Duft von Rosmarin, Minze und Kokosnuss sowie anderer Essenzen der luxuriösen natürlichen Pflegeprodukte von Aveda und St Barth. Das Hotel macht Werbung als jüngstes Fünfsternehaus. Tatsächlich fühlt man sich, so lange man hier verweilen darf, jung und glücklich.

Von Feen bewachte Heilquellen

Wasser ist auch ausserhalb der Hotelanlage en vogue. Seit ein naturmystischer Autor im Berner Oberland 24 Kraftorte lokalisiert und beschrieben hat, glaubt man den tieferen Grund gefunden zu haben, warum die Region zu den Pionieren im

Ein Kraftort? Ganz ohne Zweifel ein Ort der Wasserkraft: die Simmenfälle am Ende des Tales.

Regenbogen über der Lenk:
Landschaft und heilende Wasser des Simmentals waren seit je ein Nährboden für Naturmystik.

Alpentourismus zählt: Demnach waren es nicht die Engländer und ihre Begeisterung für die Berge, sondern die Kraftquellen, Heilwasser und mystischen Landschaften, die den Fremdenverkehr hierher brachten. Im benachbarten Adelboden wurde ein Themenweg kreiert, der den Wassern des Engstligentals folgt. Auch in der Lenk sind die alpinen Gewässer zum Ziel geführter Wanderungen geworden. Im Paket werden sie sogar als Teil eines mehrtägigen Seminars angeboten, das den Kraftorten und Naturmystiken gewidmet ist. Alpine Kraftorte werden als Kultplätze des Altertums gedeutet. Die Zwerge und Feen, die in alpenländischen Sagen vorkommen, gelten als Hüter dieser Orte. Die Bunschischlucht bei der alten Heilquelle von

Weissenburg wird als einer der ältesten überlieferten Kraftorte des Simmentals angepriesen. Dazu gehört die Kirche von Därstetten, in der eine antike Kultstätte vermutet wird.

Besonders attraktiv, weil in der Nähe des Lenkerhofs, ist die Quelle Siebenbrunnen auf der Alp Retzliberg. Eine Wanderung dorthin lässt sich auch am späten Morgen, nach ausgiebigem Genuss des Frühstückbuffets, noch in Angriff nehmen. Am Lenkerseeli vorbei geht es geradeaus auf den Talabschluss zu. Die Wanderung scheint auch für die beste Gesellschaft verlockend: Am Rand des Parkplatzes am Ende der Strasse steht ganz bescheiden neben andern Autos ein Aston Martin Vantage Cabriolet. Wenige Gehminuten von hier liegen die Simmenfälle. Die Ausstrahlung des Ortes geht im Gedränge der Ausflügler etwas unter, doch die Energie des Wassers ist sichtbar und beeindruckend. Wild stürzt es herab und spritzt gegen die Felswände.

Von Wasserfall zu Wasserfall

«Ein bisschen bergauf» ginge es von hier zur Simmenquelle, hat die Dame an der Reception gesagt. Eine höfliche Untertreibung. Der Weg wird immer steiler und steiler, der Atem kürzer, und bald bereut man es, nicht wie die vielen Nordic Walker ein Paar Stöcke dabei zu haben, auf die man sich stützen könnte. Bei der Barbara-Brücke gibt es zumindest eine Erfrischung. Die Simme fällt hier so breitflächig und kraftvoll über eine Felsplatte herunter, dass die Gischt bei Sonnenschein einen konstanten Regenbogen auf die Schlucht wirft. Wer die Brücke überquert, kann sich im kräftigen Sprühnebel abkühlen.

Immer wenn man glaubt, mehr bergauf ginge nicht mehr, wird es noch ein bisschen steiler. Doch dann führt der Weg plötzlich ebenaus an vielen kleinen Bächen vorbei und die Retzlialp ist erreicht. Im Berggasthaus kann man sich stärken, von da ist es nur noch ein kurzer Spaziergang über Alpwiesen bis zu den Wasserfällen der Simmenquelle. In mehreren Strahlen schiesst das Wasser über einen Kalksteinfelsen, eingebettet ins satte Grün der Bergwiesen und Tannenwälder.

Von hier führt der Wanderweg über die Langenmatte zu den Iffigfällen. Frühaufsteher wandern die ganze Strecke, der Steigung und des Standorts des Restaurants wegen besser in der entgegengesetzten Richtung. Doch wer im Lenkerhof logiert, startet spät und kehrt früh wieder – zu viel gibt es in diesem Hotel in so kurzer Zeit zu geniessen.

Wo Regen kein Unglück ist

Dasselbe gilt für den nächsten Morgen: Das Schnureloch, eine 26 Meter tiefe Höhle, wäre von Oberwil in einer schönen Rundwanderung zu erreichen, die Ruinen des Kurhauses in Weissenburgbad, das im 19. Jahrhundert weit über Europa hinaus bekannt war, und die Kirche Därstetten. Doch Gäste des Lenkerhofs wollen noch nicht das Tal verlassen, denn das Spa und die Hotelterrasse stehen ihnen auch am Tag der Abreise offen. Zudem ist es bei den meisten spät geworden am Vorabend. Zu schön wars beim Gutenachtdrink beim Pianisten in der Bar. Also gibt man sich mit einem Ausflug auf den Betelberg zufrieden. Die Gondelbahn liegt direkt neben dem Hotelareal, ein gut zu bewältigender Themenweg, der Murmeli Trail, führt wieder an den Ausgangspunkt zurück.

Auch nicht unglücklich sind die Gäste, wenn es regnet. Das rechtfertigt nämlich, einen ganzen Tag lang das schönste Ferienziel der Schweiz zu geniessen: Auch wenn es von oben tropft, lässt es sich herrlich im Sprudel des Schwefelbads liegen und auf die mächtigen Bergflanken blicken.

Sprudel mit Aussicht: Schwefelbad im Spa des Hotels Lenkerhof.
Seite 127: Einzigartig: Die Kirche von Därstetten ist nicht im Dorf.

MITTELLAND TIPP **14**

Was wo wie viel

Unterkunft Lenkerhof Alpine Resort, Lenk, Tel. 033 736 36 36 , welcome@lenkerhof.ch. Doppelzimmer 530 CHF, Einzelzimmer 350 CHF, inklusive Halbpension. www.lenkerhof.ch

Anreise Autobahn Bern-Interlaken bis Ausfahrt Zweisimmen, durch das Simmental über Zweisimmen nach Lenk. Das Hotel liegt am Ausgang des Dorfes.

Restaurants Siebenbrunnen, Tel. 033 733 12 86.

Berghaus Betelberg, Tel. 033 733 11 26, schwegler.lenk@bluewin.ch, täglich geöffnet.

Alte Post, Weissenburg, Tel. 033 783 15 15, gasthofaltepost@hotmail.com

Wandern Auskunft und Wanderkarten bei Lenk-Simmental Tourismus, Rawilstrasse 3, Lenk i.S, Tel. 033 736 35 35, info@lenk-simmental.ch. www.lenk-simmental.ch

Ausflüge Zentrum Paul Klee, Monument im Fruchtland 3, Bern, Tel. 031 359 01 01, Öffnungszeiten Dienstag–Sonntag 10–17 Uhr, Donnerstag 10–21 Uhr, Shop und Café bis 18 Uhr. Eintritt 18 CHF, www.zpk.org

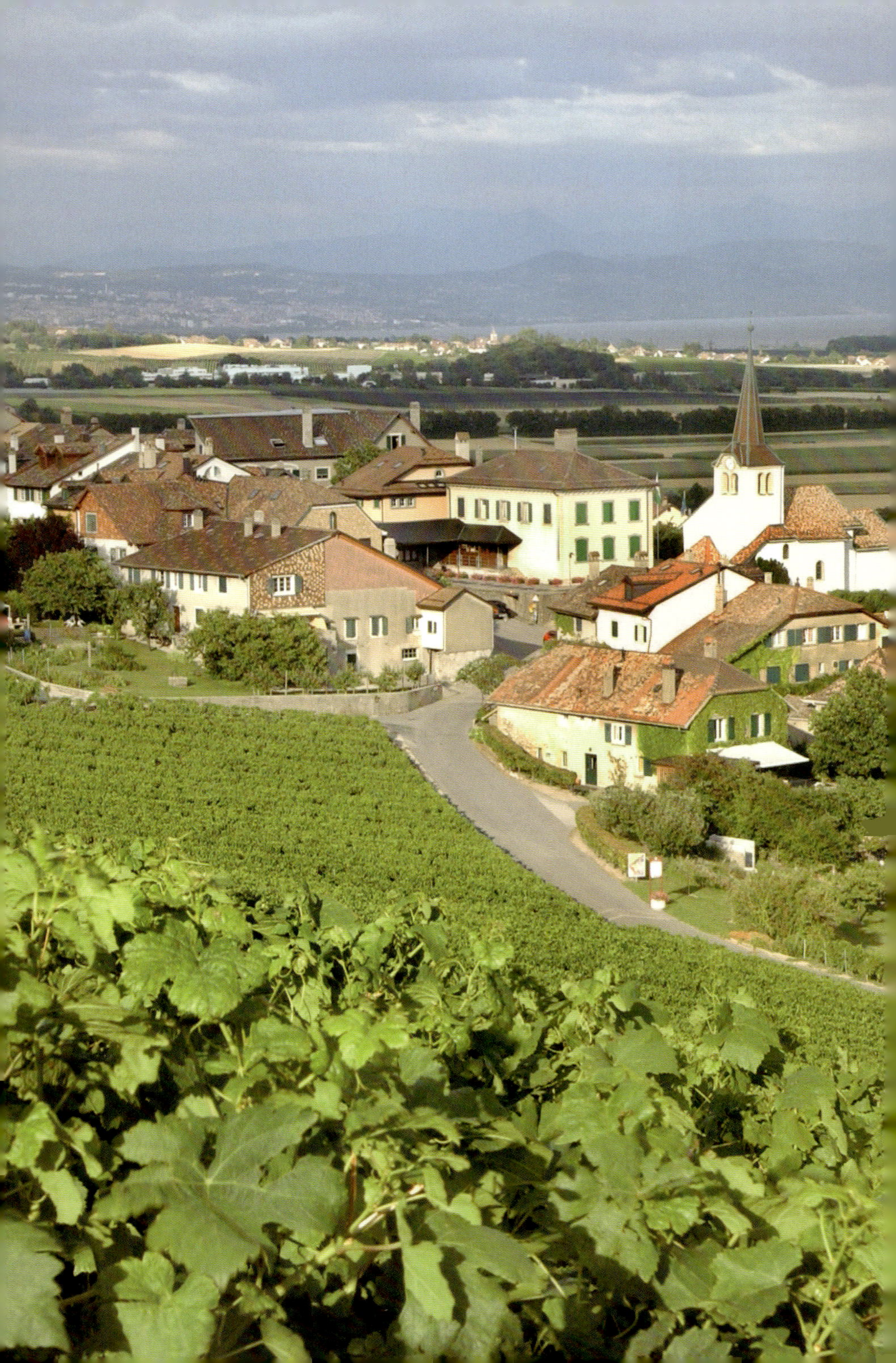

WESTSCHWEIZ UND WALLIS TIPP **15**

La Côte
Sinnesfreuden auf der Route du Vignoble

Unterkunft La Barcarolle in Prangins, gemütliches und komfortables Viersternehaus am See mit 39 Zimmern, grossem Park, sehr guter Küche, ganz in der Nähe des Château Prangins, einem Teil des Schweizerischen Landesmuseums.
Anreise Mit Auto bis Prangins (Autobahnausfahrt Gland), Wegweiser Château folgen, von dort Richtung See.
Ankunft Abendessen auf der Terrasse mit Seeblick.

1. Tag Fahrt zur Domaine des Vaugues in Chigny, Besuch des Weinbaubetriebs. Weiterfahrt nach Morges ins Espace Gourmand, wo alle Zutaten für eine «Cuisine Gourmande» verkauft werden. Besuch des Weinbaubetriebs Domaine du Martheray in Féchy. Abendessen in der Auberge Communale de Féchy.
Langschläfer Besuch der Domaine des Vaugues weglassen und Tour direkt in Morges beginnen.
Schlechtwetter Dasselbe Programm, aber statt der Domaine des Vaugues die näher gelegene Schnapsbrennerei in Féchy besuchen.

2. Tag Weinbaubetrieb Château de Vinzel in Vinzel, Mittagessen im Restaurant Cœur de la Côte in Vinzel. Besuch der Likörhersteller Les Pères Fruit'art in Vinzel. Eventuell Wanderung auf dem Kastanienweg nach Luins und zurück.
Langschläfer Entweder Château de Vinzel oder Les Pères Fuit'art in Vinzel.
Schlechtwetter Das Programm lässt sich auch ohne Sonnenschein durchführen. Alternative: Fahrt nach Lausanne und Besuch des Day Spa im Lausanne-Palace.

Mehr als reinen Wein

«Und, wie schmeckt er Ihnen?», fragt Jacky Imhof und lächelt freundlich. Der Mann mit den struppigen grauen Haaren und den weichen Gesichtszügen hat trotz der frühen Stunde – es ist noch nicht 12 Uhr – einen Pinot Gris geöffnet. Er möchte die ehrliche Meinung der Besucher zu seinem Produkt hören und gerne ein paar Flaschen verkaufen.

Imhofs Weingut, die Domaine des Vaugues am Dorfrand von Chigny, gehört zu den vielen, die an der so genannten Route du Vignoble, der Weinstrasse, im La-Côte-Gebiet liegen. Eigentlich ist es keine Strasse, sondern ein Netzwerk von Gutsbetrieben entlang der weiss beschilderten Nebenstrasse zwischen Autobahn und Hügelrücken. Läden mit regionalen Spezialitäten, Restaurants, Kunsthandwerksateliers und Hotels gehören dazu. Lanciert wurde die Route de Vignoble, um mehr Besucher und Kaufwillige in die Region zu locken: Das Anbaugebiet La Côte zählt stolze zwölf Appelations Controllées und 2000 Hektaren Rebberge.

Der Blick von den sanften Hügeln auf den Genfersee und die Hochsavoyer Alpen ist kaum zu übertreffen. Doch das ist offenbar den Durchreisenden nicht Grund genug, hier länger zu verweilen. Das Gebiet um Morges, Rolle und Nyon wird von den meisten nur gestreift. Mit Montreux, der Olympiakapitale Lausanne und der internationalen Metropole Genf liegen zu starke touristische Magnete in der Nähe.

Seite 128: Route du Vignoble: Allein in Féchy gibt es mehrere Weingüter und eine Destillerie zu entdecken. Unten: Weindorf mit Charme und Château: Vufflens bei Morges.

Ein Wochenende mit Rendez-vous

Wer die Orientierungskarte der Route de Vignoble ansieht, fühlt sich leicht überfordert. So viele Stationen gibt es, die man besuchen könnte. Über 120 Adressen sind da verzeichnet. Doch bei den meisten steht neben der Telefonnummer RV, was «sur rendez-vous» oder auf Vereinbarung heisst. Denn die Weinbauern, Obstgärtner, Konditoren und Kunsthandwerker haben alle ihren je eigenen Stundenplan, und die meisten öffnen nur auf Anmeldung ihre Keller und Werkstätten. Einige Weinbauern widmen sich sogar just in der schönsten Reisesaison, dem Spätsommer, ausschliesslich ihren Reben. Die Website der Vereinigung bietet Hilfe an: Dort werden wöchentlich all jene Betriebe aufgelistet, die in der entsprechenden Zeit auch ohne Anmeldung Besucher empfangen – und führt einen so in angenehmem Zickzack durch die Region. Oder aber man lässt sich gleich treiben und fährt einfach der Nase nach über die schmalen Strassen zwischen den Rebbergen hindurch. Die offenen Weingüter und Bauernhöfe haben grosse Schilder an der Route de Vignoble stehen, auf denen «ouvert» steht.

Reben, so weit das Auge reicht: 2000 Hektaren umfasst das Weinbaugebiet La Côte.

Köstlichkeiten für Aug und Mund

Und dennoch gibt es gute Gründe, sich eine Route selber zusammenzustellen: ein Lieblingswein etwa, dessen Herkunft man schon immer einmal kennen lernen wollte oder eines der kleinen Gasthäuser auf dem Lande, die hervorragende Küche bieten sollen. Davon gibt es zwischen Morges und Nyon so einige.

Komfortabler gebettet und strategisch gut positioniert übernachtet man im Hotel La Barcarolle in Prangins, einem gemütlichen Viersternehaus am Ufer des Genfersees. Eine warme Lobby mit Kaminfeuer und Musik vom Pianisten empfängt die Gäste. Der Chef pflegt eine «Cuisine Gourmande», und vom Restaurant aus sieht man über den See und in der Ferne die Lichter der französischen Dörfchen am gegenüberliegenden Ufer blinken. Das nahe Nyon lohnt einen Bummel, aber auch das Städtchen Morges mit seinem trutzigen Schloss und dem grossen Jachthafen. Hier kann Neues entdeckt werden: In der Altstadt, die durch eine grosse Fussgängerzone geprägt ist, gibt es nicht wenige Boutiquen, die in der deutschen Schweiz noch nicht zu finden sind. Und nicht wenige Geschäfte lassen einem das Wasser im Munde zusammenlaufen, wie etwa das Espace Gourmand an der rue de la Gare, das die besten frischen Öle und Gewürze aus der Region verkauft.

Das Anwesen Le Martheray von Richard Aguet im Winzerdorf Féchy ist wie die meisten Weinbau-

Die richtige Adresse für romantische Gourmets: La Barcarolle in Prangins.

Kleinstadtidyll mit Seeanstoss: Schiffsanlegestelle von Morges am Genfersee.

betriebe gut signalisiert, und doch finden nicht alle direkt hierher: Nicht weniger als fünf Domaines, Caves und Weinhandlungen locken potenzielle Käufer an, dazu kommt die Destillerie von Alex Paccot.

Neben den regionalen Tropfen Pinot Noir, Gamay und Chasselas bieten die Weinbauern auch Konfitüren, gebrannte Wasser und Nussöl an – keine Frage, es lohnt sich, vor diesem Wochenendausflug den Kofferraum des Autos freizuräumen. Der eigene Wagen macht es einem zudem leichter, sich treiben zu lassen und zu entdecken, dass die Region weit mehr bietet als Reben und den Saft davon. Kleine Weiler mit Namen wie Wortspiele – Pizy, Marchissy, Vich – wechseln sich ab mit den bekannteren Dörfern, die für grosse Appellations stehen. Und immer wieder lässt eine Steigung den Blick frei über den Genfersee schweifen, bis hinüber nach Evian, wo er hängen bleibt am charakteristischen Massiv der Hochsavoyer Alpen, das die ganze Welt vom Etikett der Wasserflaschen kennt.

Immer der Nase nach

In der Auberge Communale in Féchy, einem traditionellen Landgasthof, spricht man auch Arabisch. Doch die Speisen sind zu vierhundert Prozent welsch und dementsprechend gut passen die heimischen Weine dazu. Eine überaus verlockende Assemblage! Und dann locken da natürlich noch die ganz Grossen: die Ermitage von Bernard Ravet in Vufflens-le-Château, das Hôtel de Ville von Philippe Rochat in Crissier, zwei von acht Restaurants in der Schweiz, die mit 19 Gault-Millau-Punkten dekoriert sind.

Hochprozentiges von Äpfel und Birnen produzieren David Huggler und Alain Bersier, die Pères Fruit'art in Vinzel, einem weiteren Dorf, dessen breites Angebot einen Abstecher lohnt. Sechs Weinbauern laden auf ihr Gut, und das Restaurant Au Cœur de la Côte ist bekannt für regionale Spezialitäten. Wer Zeit genug hat, sollte eine Strecke auf dem Kastanienweg zurücklegen. Er führt oberhalb der Dörfer Luins, Vinzel und Bursins durch den Wald und ist als «Sentier des Châtaignes» ausgeschildert. Fünfzig verschiedene Düfte gibt es auf der sechs Kilometer langen Strecke an Büschen und Bäumen zu entdecken, alle sind mit einer Hinweistafel versehen.

Abgesehen von diesem Spaziergang, lässt sich das Programm des zweiten Tages gut auch bei Regen durchführen. Wer lieber des Wassers wohlige Seite geniesst, kürzt das Programm ab und fährt seeaufwärts nach Lausanne. Im Fünfsternehaus Lausanne Palace befindet sich eines der schönsten Spas der Region. Für fünfzig Franken lässt es sich hier planschen und dampfen nach Belieben. Wer einen ganzen Tag verbringen will, dem wird im Day-Spa-Programm auch das Mittagessen sowie eine 50-minütige Behandlung mit den Luxusprodukten von Aveda offeriert. Das allerdings hat seinen Preis. Eine weitere Kiste Pinot Gris von Jacky Imhof ist günstiger.

Auch Wasser tut wohl:
Spa im Lausanne Palace.
Seite 135: sonnenverwöhnte La Côte.

Was wo wie viel

Unterkunft Hotel La Barcarolle, Route de Promenthoux, Prangins, Tel. 022 365 78 78, reservations@hotel-labarcarolle.ch, www.labarcarolle.ch, Doppelzimmer ab 330 CHF, vorteilhafte Weekendpauschalen.

Anreise A1 bis Gland, nach Prangins Richtung Chateau de Prangins, von dort an Seestrasse hinunter, die Hoteleinfahrt liegt neben dem Parkplatz des Château.

Restaurants Auberge Communale, Alain Germanier, Féchy. Tel. 021 808 50 29.

Au Cœur de la Côte, Vinzel.
Tel. 021 824 11 41, malakoff@freesurf.ch

Weingüter Domaine des Vaugues, Jacky Imhof, Route de Morges 3, Chigny,
Tel. 021 802 25 20. Fax 021 802 25 20.

Domaine du Martheray, Richard Aguet, Féchy, Tel. 021 808 52 53.

Château de Vinzel, Jean-Daniel Monachon, Route du Vignoble, Vinzel,
Tel. 021 824 16 00, Fax 021 824 20 44.

Brennereien Les Pères Fruit'art, David Huggler und Alain Bersier, Vinzel. Tel. 079 778 81 75, 079 489 23 27. cidreliquoreux@yahoo.fr

Au Cœur de la Chauffe, Alex Paccot, La pra, Féchy. Tel. 021 808 62 13, Fax 021 808 57 11.

Espace Gourmand, Corinne Joseph,
Rue de la Gare 24, 1110 Morges,
Tel. 021 803 49 34.

Wellness Lausanne Palace, CBE concept Spa, Grand Chêne 7–9, 1002 Lausanne,
Tel. 021 331 31 61, cbe@lausanne-palace.ch. www.lausanne-palace.com

Route du vignoble Association pour une Route du Vignoble Dynamisée, Route du Molard, 1182 Gilly. Tel. 021 824 14 16,
078 645 54 00. info@routeduvignoble.ch. www.routeduvignoble.ch

Oder bei einem der Tourismusbüros:
Morges Région Tourisme, rue du Château 2, Morges, Tel. 021 801 32 33, www.morges.ch

Nyon Région Tourisme, Avenue Viollier 8, Nyon, Tel. 022 365 66 00, www.nyon.ch

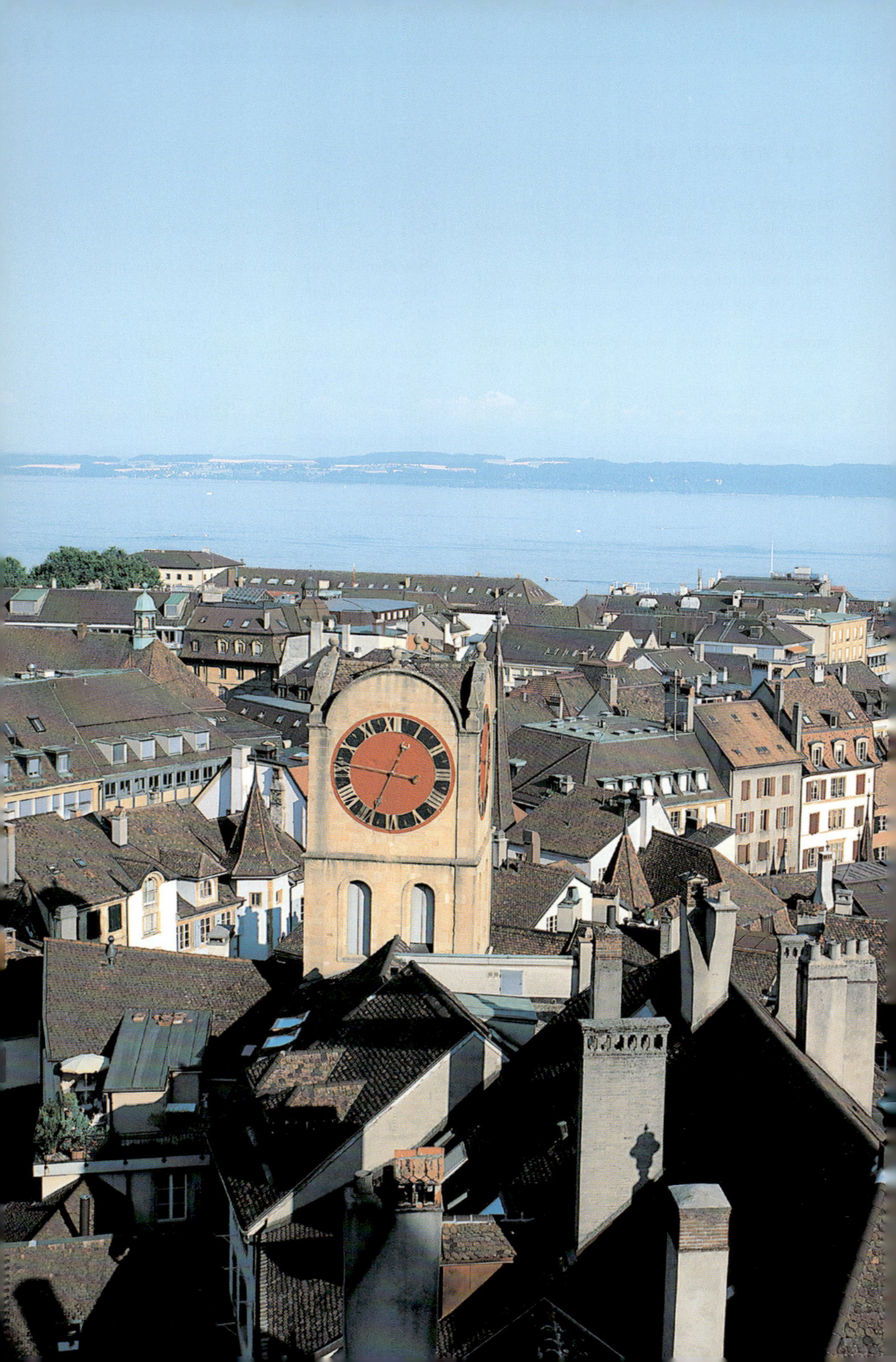

Neuenburg
Das weite Land

Unterkunft Hôtel L'Aubier, ein kleines und charmantes Stadthotel in renoviertem Altstadthaus. 9 hübsche Zimmer und eine Suite im Dach. Luxusvariante: Hotel Palafitte im Quartier Moruz. Luxuriöse, mit allen Hightech-Schikanen eingerichtete Pavillons, zum Teil als Pfahlbauten, jeder mit nicht einsehbarer Terrasse und Zugang zum See.
Anreise Mit der Bahn durchs Seeland nach Neuenburg. Vom Bahnhof mit dem Bus und einem kurzen Spaziergang durch die Altstadt bis zur Rue du Château (15 Minuten).
Verpflegung Historisch gepflegt: Dîner im Stadtpalais Hôtel DuPeyron. Ländlich frisch: Auberge L'Aubier in Montézillon. Elegant modern: Menu Surprise auf der Seeterrasse des Restaurants Le Colvert im Hotel Palafitte. Alle drei mit 13 Punkten Gault Millau.
Ankunft Apéro auf der Terrasse des Hotels mit Blick auf die malerische Place de Banneret, Abendbummel zum Schloss.

1. Tag Tour du lac mit dem Rad: Neuenburg, Yverdon-les-Bains, Estavayer-le-Lac, Neuenburg (98 Kilometer, zirka 7 Stunden).
Kulturvariante: Mit dem Velo bis Estavayer-le-Lac, Stadtbesichtigung und Rückfahrt mit dem Schiff.
Langschläfer Mit dem Velo durchs Grosse Moos ins Naturschutzzentrum La Sauge (18 Kilometer, 1 Stunde). Zurück mit Velo oder mit dem Schiff. Dieselbe Strecke mit Inlineskates (3 Stunden).
Schlechtwetter Besichtigung Schloss, Stiftskirche Collégiale und das international renommierte Musée d'Ethnographie.
Oder mit dem Schiff (15 Minuten) nach Hauterive ins Laténium, eines der modernsten Archäologiemuseen der Schweiz.

2. Tag Velotour La Biennoise: Neuenburg, Le Landeron (mittelalterliches Marktstädtchen), La Neuveville, Biel, Lüscherz, Erlach, Neuenburg (65 Kilometer, 5 Stunden). Abstecher Petersinsel (+ 10 Kilometer).
Langschläfer Variante Moitié-moitié: mit dem Velo nach Biel, zurück mit dem Schiff (2^1/$_2$ Stunden). Letzte Fahrt ca. 16.45 Uhr.
Schlechtwetter Besuch Centre Dürrenmatt, Bau von Mario Botta.

Eine Stadt für Bummlerinnen und Flaneure

Allein schon die Anreise ist ein Vergnügen, führt sie doch durch eine der lieblichsten Landschaften der Schweiz: das Drei-Seen-Land. Seen, Kanäle, bewaldeten Hügel, Schilfgebiete und Rebberge im Wechsel mit malerischen Winzerdörfern und geschichtsträchtigen Bauten präsentieren sich dem Reisenden, besonders dem Klugen im Zuge, aufs Schönste. Und dann diese Weite! Kein Viertausender, der einem die Sicht verstellt, vielmehr halten sich die Berner Alpen vornehm im Hintergrund, ziehen eine markante Zickzacklinie am fernen Horizont.

Kaum ein anderer Ort am Ufer der drei Seen verbindet die landschaftlichen Reize dieser Gegend mit so viel historischem Ambiente und weltstädtischer Kultur wie Neuenburg. Hingegossen an die steile Flanke des Jura erstreckt sich die traditionsträchtige Universitätsstadt vom Ufer des Neuenburgersees hinauf zum Kamm des Chaumont. Während sich der motorisierte Verkehr in lang gezogenen Kehren den Hang hoch windet, finden die Bummlerin und der Flaneur eine Vielzahl von Treppen, steilen Gässchen und lauschigen Fusswegen, auf denen sich der historische Reichtum der Stadt entdecken lässt. Als Belohnung

Seite 136: Eine Stadt mit Weitblick: Aussicht vom Schlosshügel über die Altstadt und den See zum Mont Vully.
Unten: Lebensqualität: Die Altstadt von Neuenburg ist verkehrsfrei.

für die Anstrengung treppauf, treppab, winken immer wieder traumhafte Blicke zwischen den Häusern und Gärten hindurch auf den Neuenburgersee und die Bilderbuchlandschaft rundherum. Als Residenz der Burgunder Könige im Jahr 1011 erstmals erwähnt, prägen heute klassizistische Bauten aus dem 18. und 19. Jahrhundert das Stadtbild von Neuenburg, denn die Altstadt wurde mehrere Male von Feuersbrünsten beinah vollständig zerstört. Bis in die Neuzeit verwendeten die Neuenburger als Baumaterial fast ausschliesslich den gelben Jurakalk aus dem nahen Hauterive, was der Stadt bis heute ein ganz besonderes Licht und eine seltene architektonische Homogenität verleiht.

Zwischen See und Schloss: Das Stadthotel L'Aubier an der idyllischen Place de Banneret.

Ländliche Genüsse und städtische Lustbarkeiten

Das 2002 eröffnete Stadthotel L'Aubier, mitten in der verkehrsfreien Altstadt gelegen, ist ein idealer Ausgangsort, um an einem Wochenende die mannigfaltigen Vorzüge von Neuenburg zu geniessen. Das fünfstöckige Haus mit den typischen braun-weiss geflammten Fensterläden stammt aus dem frühen 17. Jahrhundert und wurde liebevoll und mit viel Sinn für die historische Bausubstanz renoviert. Auf halber Strecke zwischen See und Schlosshügel gelegen, verbindet es mit seinem Bistro-Café im Erdgeschoss und der auf Biografien spezialisierten Buchhandlung im ersten Stock auf kleinem Raum alles, was auch Neuenburg zu bieten hat: bezaubernde Lage, Kulinarik und Kultur.

Santé! Ein Glas Neuenburger Weissen zum Apéro im hoteleigenen Bistro oder auf der Terrasse im ersten Stock mit Blick auf den malerischen Platz mit dem Bannerträger-Brunnen stimmt ein auf welsche Lebensart. Empfohlen sei der hervorragende moût (moussierender Apfelmost), hergestellt im Mutterbetrieb des Stadthotels, der mehrfach ausgezeichneten Auberge L'Aubier in Montézillon. Wer nun auf den Geschmack der biologischen Gourmet-Küche gekommen ist, reserviert für den Abend einen Tisch in der Auberge. Auch die Tester des Gault Millau haben den Abstecher aufs Land nicht bereut und die Bio-Küche mit 13 Punkten ausgezeichnet. Das Dorf liegt hoch über Neuenburg. Im Gourmet-Menü inbegriffen ist das abendliche Panorama von der Terrasse, wenn die Sonne über Yverdon-les-

Weitherum sichtbares Wahrzeichen: Das Schloss und die zwei Türme der Neuenburger Stiftskirche Collégiale.

Bains untergeht und die Berner Alpen zu verglühen drohen. Schöner kann keine Fototapete sein!

Wem der Sinn nach städtischen Lustbarkeiten steht, spaziert im Abendlicht den Schlosshügel hoch zur Stiftskirche Collégiale, deren älteste Teile, Chor und Schiff, aus dem 12. und 13. Jahrhundert stammen. Zusammen mit dem Schloss der Grafen von Neuenburg (12.–15. Jahrhundert), thront die Collégiale auf einer kleinen Anhöhe und bildet das weitherum sichtbare Wahrzeichen von Neuenburg. Nachdem die imposante Architektur gewürdigt und der Blick über die Dächer der Altstadt aus erhabener Warte genossen wurde, lässt sich der Abend stilecht weiterführen mit einem gepflegten Dîner im herrschaftlichen Stadtpalais Hôtel DuPeyrou, zu dem ein bezaubernder kleiner absolutistischer Park gehört. Küchenchef Craig Penlington pflegt eine ausgezeichnete Cuisine du marché mit vielen Fischgerichten und regionalen Spezialitäten. Die Terrasse zum Park ist der ideale Ort, um bei einem letzten Glas einen lauen Sommerabend ausklingen zu lassen.

Routen für grosse Räder und kleine Rollen

Es schläft sich gut im L'Aubier, denn hier wird man in exquisite Materialien gebettet, kein Schaumgummi, keine Acrylbettwäsche, kein Plastikduschvorhang und kein Novilon, alles Natur pur, aber mit Stil. Auch der Morgen danach beginnt viel versprechend: Ein reichliches Frühstück mit ausgezeichnetem Kaffee aus der hauseigenen Rösterei weckt Lust auf Landschaft und Bewegung. Von Neuenburg aus lässt sich das auf angenehme Art verbinden. Im Zuge des Expo.02-Projektes «Human Powered Mobility» wurde das regionale Velowegnetz massiv ausgebaut, so dass heute aus einer Vielzahl von lückenlosen Routen ausgewählt werden kann. Diejenigen in Seenähe sind einfach, weisen kaum Steigungen auf und lassen sich beliebig abkürzen oder halbieren, da Räder auf die Kursschiffe, die zwischen Yverdon, Neuenburg und Biel auf den Seen kreuzen, mitgenommen werden dürfen. Ebenfalls erleichternd: Die bequemen Mietvelos der SBB, die nicht am Startort zurückgegeben werden müssen, sondern gegen einen kleinen Aufpreis an anderen Bahnhöfen abgegeben werden können. Wer kleine Rollen den grossen Rädern vorzieht: Alle Routen oder Teilstücke eignen sich auch hervorragend für Inlineskating.

Die Königstour der Seenrouten ist die Tour du lac: Einmal rund um den Neuenburgersee, ganz nach Belieben links herum oder rechts herum, die Strecke misst immer 98 Kilometer. Das ist kein Pappenstiel für untrainierte Waden, doch auch wer nicht zur sehnigen «Gümmeler»-Gemeinde zählt, darf die Herausforderung wagen. Von fast allen grösseren Etappenzielen (Yverdon-les-Bains, Estavayer-le-Lac, Cudrefin) gibt es am späten Nachmittag ein Schiff, das ermattete Radler zurück nach Neuenburg bringt.

Das Ziel vor Augen: Der Radweg zwischen Neuenburg und Biel führt dem Zihlkanal entlang.

Velo und Schiff ergänzen sich ideal

Die Kombination Velo-Schiff empfiehlt sich auch für Ausflüge in der Umgebung: zum Beispiel ins freiburgische Estavayer-le-Lac, eine der schönsten mittelalterlichen Städte der Schweiz.

Nur knapp 20 Kilometer von Neuenburg entfernt, am Nordende des Sees, befinden sich die beiden Naturschutzgebiete Fanel und Chablais de Cudrefin, die zu den bedeutendsten Vogelschutzgebieten Europas zählen. 2001 wurde das Naturschutzzentrum La Sauge eröffnet; hier beginnt ein Naturpfad mit Hochständen, von denen aus sich die reiche Tierwelt beobachten lässt, die im grössten Schilfgebiet der Schweiz kreucht und fleucht oder auch nur einen Zwischenhalt einlegt.

Als schönste Strecke gilt die Route von Neuenburg nach Biel. Zweifellos ist es die abwechslungsreichste. Auf der Fahrt nach Biel wechseln die Landschaften und Seeseiten: von Neuenburg gehts, den See rechter Hand, bis Epagnier, dann folgt ein idyllisches Stück entlang dem schiffbaren Zihlkanal, der den Neuenburgersee, den grössten Binnensee der Schweiz, mit dem Bielersee verbindet. Der schmale Bielersee, in den von Erlach her wie ein bewaldeter Finger die Petersinsel hineinragt, liegt nun in Fahrtrichtung links. Die Route führt über Erlach, Lüscherz nach Biel und gibt den Blick

Wer will, darf bleiben: 413 Hektaren gross ist das Schutzgebiet für Zug- und Wasservögel in Cudrefin.

frei auf eine der schönsten Rebbaulandschaften der Schweiz, die sich am gegenüberliegenden Ufer von La Neuveville bis Vingelz erstreckt. Die Rückfahrt mit dem Schiff (2$^{1}/_{2}$ Stunden) bringt einen erneuten Perspektivwechsel, auf der Fahrt in Richtung Sonnenuntergang präsentiert sich das Seeland noch einmal in seiner ganzen malerischen Vielfalt.

Geschichte zum Erleben, Staunen und Anfassen

Doch eigentlich ist Neuchâtel, la belle, viel zu attraktiv, um sie nach wenigen Stunden schon wieder zu verlassen. Von der reizvollen Lage der Kantonshauptstadt profitieren auch zwei Museen der jüngeren Zeit: Hoch über der Stadt im Villenquartier thront das Centre Dürrenmatt. Das ehemalige Wohnhaus des Schriftstellers, der während vierzig Jahren in Neuenburg wohnte, wurde mit einem Bau von Mario Botta erweitert. In erhabener, fast schon mausoleumsartiger Atmosphäre wird neben dem Dramatiker und Autor vor allem der Maler Friedrich Dürrenmatt präsentiert. Die herrschaftliche Terrasse erweist sich als architektonische Fehlkonstruktion: Die Aussicht auf den See ist nur im Stehen zu geniessen.

Ganz anders das Laténium: Das kantonale Museum für Archäologie besticht nicht nur durch seine Architektur und seine Lage in einem drei

Traumhafte Lage, hervorragende Präsentation: Laténium, Museum und Park für Archäologie in Hauterive.

Hektaren grossen Park am See. Mit modernen museumspädagogischen Mitteln wird anhand von Fundstücken und Ausgrabungen Einblick gegeben in das Leben der Menschen und ihre Kultur im Gebiet des Neuenburgersees über einen Zeitraum von mehr als 50 000 Jahren. Geschichte zum Erleben, Staunen und Anfassen.

Während sich der bourgeoise Charme der Stadt, deren Reichtum auf der regionalen Uhren- und Schokoladenindustrie des 18. und 19. Jahrhunderts beruhte, am besten auf ausgedehnten Spaziergängen erschliesst, zeigt sich ihre Weltoffenheit am augenfälligsten im Musée d'Ethnographie: Das 1904 gegründete Museum gilt weltweit als eines der innovativsten Völkerkundemuseen. Die viel beachteten Wechselausstellungen sind stark geprägt vom langjährigen Leiter Jacques Hainard, den ein äusserst humor- und lustvoller Umfang mit Wissenschaft auszeichnet. Zu den beliebtesten Stücken aus der riesigen Sammlung gehört eine kleine Plastik, die der Missionar Henri-Alexandre Junod Ende 19. Jahrhundert aus Moçambique zurückbrachte: «Le Léopard dévorant un .... Anglais». Apropos Naschkatzen: Wer mehr auf Schokolade denn auf Engländer steht, ist in Neuenburg ebenfalls bestens bedient: Die Chocolaterie Walder an der Grand Rue 1 geniesst Weltruhm!

Pfahlbau de luxe: das Hotel Palafitte am Ufer des Neuenburgersees, ein Fünfsterne-Erbstück der Expo.

Was wo wie viel

Unterkunft Café-Hôtel L'Aubier, rue du Château 1, Tel. 032 710 18 58, lecafe@aubier.ch. Doppelzimmer mit Grandlit, WC und Bad 180 CHF (ohne Frühstück). www.aubier.ch

Oder Luxusvariante: Hotel Palafitte, Route des Gouttes d'Or 2, Neuenburg-Monruz, Tel. 032 723 02 02, Pavillon Lacustre (über dem Wasser) für 1–3 Personen 705 CHF (April–Oktober), 515 CHF (November–März), Frühstück 35 CHF/Person. www.palafitte.ch

Anreise Mit der Bahn über Bern oder Biel nach Neuenburg. Mit dem Bus zur Place de Pury (10 Minuten), von dort Spaziergang (Fussgängerzone) bis zur Place du Banneret/ Rue du Château 1 (5 Minuten). Mit dem Auto über Autobahn Bern, Morat, Neuenburg. Parkhaus bei der Place de Pury, Quai Philippe-Godet 1 (direkt am See).

Restaurants Hotel DuPeyrou, Avenue DuPeyrou 1, Neuenburg, Tel. 032 725 11 83. Vom Hotel Aubier zu Fuss erreichbar. www.dupeyrou.ch

Auberge L'Aubier, Les Murailles 5, Montézillon, Tel 032 732 22 11. www.aubier.ch.
Bahn: Linie La Chaux-de-Fonds, Haltestelle Montmollin-Montézillon (30 Minuten).
Bus: Vom Bahnhof Linie Le Locle, Haltestelle Montmollin (15 Minuten).

Le Colvert, im Fünfsternehotel Palafitte (Adresse und Telefon siehe Unterkunft). Vier-Gang-Menü 78 CHF, Menu surprise 100 CHF. www.palafitte.ch

Mietvelos SBB Bahnhof Neuenburg. Miete 33 CHF/Tag, bei Rückgabe an einem anderen Bahnhof: 40 CHF. Online-Reservation über www.rentabike.ch

Schifffahrt Kosten für Velotransport ab 2 Stationen 7 CHF. Weitere Informationen und Fahrpläne: www.navig.ch

Besichtigung Naturschutzzentrum La Sauge, Cudrefin, Tel. 026 677 03 77. Öffnungszeiten März–Oktober: Dienstag bis Sonntag 9–18 Uhr, Eintritt 8 CHF/Kinder 5 CHF. www.birdlife.ch

Museen Archäologie-Park/Museum Laténium, Espace Paul Vouga, Hauterive-Neuchâtel, Tel. 032 889 69 17. Museum geöffnet Dienstag bis Sonntag 10–17 Uhr, Eintritt: Erwachsene 9 CHF, Kinder 4 CHF. Park jederzeit zugänglich, Eintritt frei. www.latenium.ch. Bus Nr. 1 Richtung Marin bis Musée d'Archéologie, Schiff ab Hafen Neuchâtel bis Hauterive (15 Minuten), Veloweg Neuenburg–Seeland.

Musée d' Ethnographie, 4 rue St. Nicolas, Neuenburg, Tel. 032 718 19 60. Öffnungszeiten: täglich 10–17 Uhr, Eintritt 8 CHF, Kinder gratis. www.men.ch

Centre Dürrenmatt, 74, chemin du Pertuis-du-Sault, Tel. 032 720 20 60. Öffnungszeiten: Mittwoch bis Sonntag 11–17 Uhr. Eintritt 8 CHF, Kinder 5 CHF. www.cdn.ch. Bus Nr. 9/9b vom Bahnhof bis Chapelle de l'Ermitage oder zu Fuss vom Bahnhof (20 Minuten).

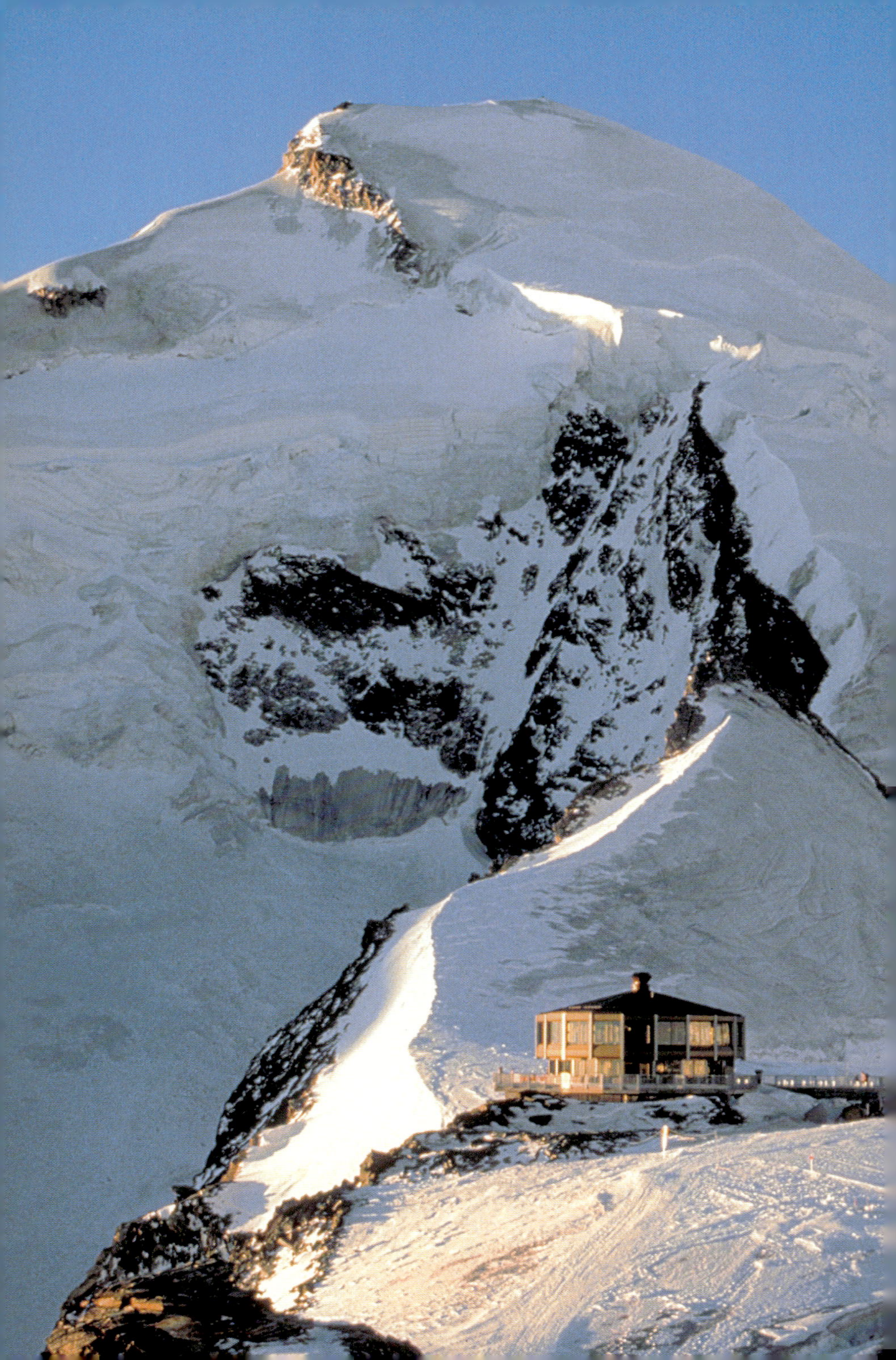

WESTSCHWEIZ UND WALLIS   TIPP **17**

Saas Fee
Ein Ort der Superlative

Unterkunft Hotel Ferienart Resort & Spa im autofreien Saas Fee. Fünfsternehaus mit 73 Zimmern, Neubau gestylt, mit Badewanne im Zimmer. Grosses Hallenbad mit Saunapark und vielen Wellnesseinrichtungen, fünf verschiedene Restaurants, Bar, Fitnessstudio.
Anreise Mit dem Zug bis Brig und von dort mit dem Postauto. Oder mit dem Auto bis Dorfeingang Saas Fee, von dort mit dem Elektromobil zum Hotel.
Ankunft Nachtessen im Le Mandarin, dem chinesischen Restaurant des Hotels.

1. Tag Einführung in die Nordic Walking Technik und praktische Umsetzung auf dem Helsana Walking Trail, je nach Fitness auf dem Einführungstrail oder auf dem 15 Kilometer langen Rundtrail nach Saas Grund und zurück. Mittagessen im Restaurant Bodmen. Abendessen im französischen Restaurant des Hotels.
Langschläfer Wanderung im traditionellen Stil über die Hohnegg zum Café Alpenblick und weiter bis nach Hannig. Rückfahrt mit der Gondelbahn.
Schlechtwetter Planschen im Hallenbad, trainieren im Fitnessstudio, Volleyball in der Sporthalle.

2. Tag Mit der Metro Alpin bis zur Station Mittelallalin, von dort Besteigung des Allalin (4027 Meter über Meer, Aufstieg 2 Stunden, Abstieg 1 Stunde).
Langschläfer Mit dem Alpin Express bis nach Felskinn, von dort Höhenwanderung auf dem neuen Rundwanderweg zur Britanniahütte (3030 Meter über Meer) und zurück. Essen in der Britanniahütte. Oder Besuch des neuen Abenteuerwaldes mit der Hochseilanlage.
Schlechtwetter Nochmals Wellness und Fitness, was das Zeug hält.

Ein Viertausender auch für Untrainierte

Manchmal ist hoch hinaus zu hoch – auch wenn der Name suggeriert, man sei noch nicht ganz oben. Auf der Terrasse der Station Mittelallalin werden die Knie plötzlich weich und man kann den fantastischen Blick auf den Allalingletscher kaum mehr richtig geniessen. Die Fahrt mit der Metro Alpin war etwas zu schnell: Der Alpin-Express steigt von der Talstation Saas Fee bis zur Mittelstation Felskinn 1198 Höhenmeter in nur 14 Minuten. Die Metro Alpin, eine unterirdische Standseilbahn, bugsiert einen von dort weitere 465 Meter himmelwärts in gerade mal vier Minuten. Von 1800 Metern in knapp zwanzig Minuten auf 3500 Meter – das geht untrainierten Flachländern ganz schön an die Puste. Also ergattert man sich erst einmal einen Platz auf der Sonnenterrasse und wartet, bis es einem wieder besser geht, oder man bummelt nach vorn zum Pisteneinstieg und schaut den Unentwegten zu, die auf dem Allalingletscher, der Ganzjahrespiste von Saas Fee, dem Sommerskifahren frönen. Und stellt fest: Es ginge tatsächlich noch höher: Auf den Saaser Hausberg, das 4027 Meter hohe Allalinhorn, könnte man steigen oder auf den Alphubel, der noch 200 Meter höher ist. Und erst noch ohne grosse Strapazen: Das Allalinhorn ist der einfachste Viertausender

Seite 146: Manch einer bekommt hier weiche Knie: Drehrestaurant auf dem Mittelallalin auf 3500 Meter über Meer.
Unten: Sonnenaufgang: Blick auf die Mischabelgruppe vom Kreuzbodensee oberhalb Saas Grund.

weit und breit, selbst Siebenjährige dürfen auf die Tour. Wer oben angekommen ist, wird nicht nur mit einem atemberaubenden Panorama, sondern darüber hinaus mit einem Gipfeldiplom belohnt.

13 Viertausender soll man vom Drehrestaurant aus sehen und wird dabei feststellen, dass die Walliser Hörner mögen: Täschhorn, Rimpfischhorn, Strahlhorn ragen in den stahlblauen Himmel. Weiter hinten ist der Monte Rosa zu sehen – keine Frage: Kein Kanton hat mehr hohe Berge als das Wallis. Und Saas Fee scheint ein ganz besonderes Faible für Superlative zu haben: Die Metro Alpin ist die höchst gelegene Standseilbahn, ebenso das Drehrestaurant, und an der Bergstation liegt der Eingang zur grössten Eisgrotte der Welt. Ihre Dimensionen – in Zahlen ausgedrückt, sind es 5000 Kubikmeter – sind tatsächlich eindrücklich, ihre Ausstattung ist es allerdings weniger. Die Besucher müssen an viel Tand, Kitsch und schlechten Freizeitparkelementen vorbeischauen, um das Eisgebilde zu geniessen. Der Blick aus der Metro Alpin auf den Feegletscher dagegen ist ein optischer Hochgenuss, den man nicht so schnell vergisst.

Ewiges Eis: Die grösste Eisgrotte der Welt auf dem Mittelallalin.

Nordic Walking wird hier gross geschrieben

Im Sommer hat Saas Fee aber auch einiges zu bieten, das nichts mit Schnee und Eis zu tun hat: Im Hochtal wird die trendige Sommersportart, das Nordic Walking gross geschrieben. Zwar ist man noch nicht so weit, dass man sich wie andere Ferienregionen in Österreich und Deutschland als Walking-Arena anpreist, doch das Angebot für walkende Gäste kann sich sehen lassen. Der Helsana Swiss Running Walking Trail bietet bestes Terrain für Nordic Walker, Walker und Jogger. Auf der fünf Kilometer langen Einführungsstrecke in Saas Fee finden die Sportler auf acht entlang der Strecke verteilten Tafeln wertvolle Tipps und Anleitungen zum Nordic Walking. Der grosse Trail führt über 15 Kilometer von Saas Fee hinunter nach Saas Almagell und Saas Grund und wieder zurück nach Saas Fee. Sportgeschäfte, Hotels und Bergbahnen führen mehrmals wöchentlich Einführungskurse in Nordic Walking durch, die Preise schliessen Stockmiete sowie die Benutzung der Bergbahn mit ein.

Sport und Wellness nach Ferienart

Der beste Ausgangspunkt für diese sportliche Herausforderung ist das Hotel Ferienart. Das Haus mitten im Dorf ist seit einigen Jahren mit fünf Sternen geschmückt und immer ganz vorne dabei, wenn es darum geht, neue Trends aufzunehmen und entsprechende Angebote zu entwickeln. Verschiedene Restaurants unter einem Dach? Das Ferienart hat deren fünf, darunter ein chinesisches und eines, das auf Slow Food spezialisiert ist. Wellness? Der Hotelier Beat Anthamatten investierte schon sehr früh grosse Summen in eine Wellnessanlage. Unter dem Motto «Alpine Power» wird heute Bergsport propagiert: In der hochalpinen Luft ist Körpertraining effizienter als in tiefer gelegenen Lagen. Eine längst bekannte Tatsache, die mehr und mehr auch Freizeitsportler nutzen. Im Ferienart gibt es eine Sporthalle mit Basketball-, Volleyball- und anderen Ausrüstungen, Outdoor-Aktivitäten werden gepflegt wie in kaum einem anderen Wellnesshaus. Daneben bietet das Paradia Spa eine ganze Reihe entspannender Körperbehandlungen in stimmungsvollen Kabinen, die rund um ein helles, zweistöckiges Schwimmbad mit Saunabereich angeordnet sind. Entspannen lässt es sich

Ob Anfänger oder Könnerin: Im Saaser Tal findet jeder Nordic Walker einen Lieblings-Trail.

Das Angebot reicht für mehr als ein Wochenende: Das Hotelresort Ferienart mit hauseigener Sporthalle, Spa, zweistöckigem Schwimmbad und fünf Restaurants.

danach am besten in einem der Comfort-Zimmer im neueren Hoteltrakt, in dem auch die Wellnessanlage liegt. Die frei stehende Badewanne im Wohnbereich und die gestylte Einrichtung bieten höchsten Wohlfühlfaktor.

Ultimative Kicks im Abenteuerwald

Wer gerne traditionell wandert, sollte den Hannig anpeilen. Von Saas Fee erreicht man in einer halben Stunde das Restaurant Hohnegg oder in 45 Minuten das Café Alpenblick (2020 Meter über Meer). Dann weiter gehts bergauf bis zur Hannig, von wo einen die Gondelbahn sicher zurück ins Dorf bringt. Wer lieber bergab geht, fährt mit der Gondel hoch und macht die Tour in umgekehrter Richtung.

Solcherart trainiert, sollte man sich schliesslich den ultimativen Kick gönnen, den die wenig anstrengenden, aber adrenalinträchtigen Funsportarten versprechen. Entsprechende Angebote in reicher Zahl bietet der Abenteuerwald. Im 2004 eröffneten Gelände kann man sich wie Tarzan an «Lianen» von Baum zu Baum schwingen und über Hängebrücken wackeln.

Über die gähnend tiefe Feeschlucht sind zwei Seile für Tyroliennes gespannt, mit 280 bzw. 210 Metern Länge sind sie – wie könnte es anders sein – die längsten Europas. Spätestens wenn die Rolle am Seil einen weit über den Abgrund hinaus trägt, versteht man: Hoch hinaus ist manchmal gar nicht wirklich hoch, wenn der Boden tief genug ist.

Wandernd oder mit der Gondelbahn zu erreichen: Blick auf den Allalin-Gletscher von Hannig.
Seite 153: Weg bei Saas Almagell.

Was wo wie viel

Unterkunft Hotel Ferienart Resort & Spa, Saas Fee. Tel. 027 958 19 00. Zimmer ab 223 CHF (EZ) oder 303 CHF (DZ) inbegriffen sind Champagner-Frühstücksbuffet, 6-Gang-Auswahlmenü am Abend im Restaurant nach Wahl, Mittagssnack, Kuchenbuffet, freier Eintritt in Wellness Paradia SPA, Teilnahme am Aktivitäten- und Vitalprogramm, Elektrotaxi bei An- und Abreise. www.ferienart.ch

Anreise Autobahn Vevey-Simplon bis Ausfahrt Visp, Kantonsstrasse nach Saas Fee. Am Dorfeingang Parkhaus, von dort mit Elektromobil zum Hotel. Oder mit dem Zug bis Brig. Postauto ab Bahnhof Brig.

Restaurant Britanniahütte, Tel. 027 957 22 88, cabane.britannia@saas-fee.ch
Geöffnet: März–Mai und Juli–September. www.britannia.ch

Nordic Walking Einführungskurse ab 15 CHF, Ausrüstungsmiete im Sportladen des Hotels Ferienart (Rabatt für Gäste).

Funsport Abenteuerwald. Öffnungszeiten: täglich bei gutem Wetter 12–18 Uhr, Hochsaison bis 19 Uhr, letzter Einstieg 2 Stunden vor Schliessung. Erwachsene und Kinder ab 1,4 m: 28 CHF, Kinder 18 CHF. Obligatorischer Einführungsparcours mit 9 Hindernissen: 15 Minuten, volles Programm in drei Schwierigkeitsgraden: 2 Stunden. Informationen: Saas Fee Tourismus, Tel. 027 958 18 58. www.saas-fee.ch

Bergbahnen Alpin Express/Metro Alpin, Tel. 027 958 11 00. Fahrzeiten: täglich 7.30–16.30 Uhr. Erwachsene retour 69 CHF. www.saas-fee.ch/bergbahnen

Gondelbahn Hannig, Tel. 027 958 11 00. Fahrzeiten: täglich 8.45–16.45 Uhr. Einfache Fahrt 12.50 CHF. www.saas-fee.ch/bergbahnen

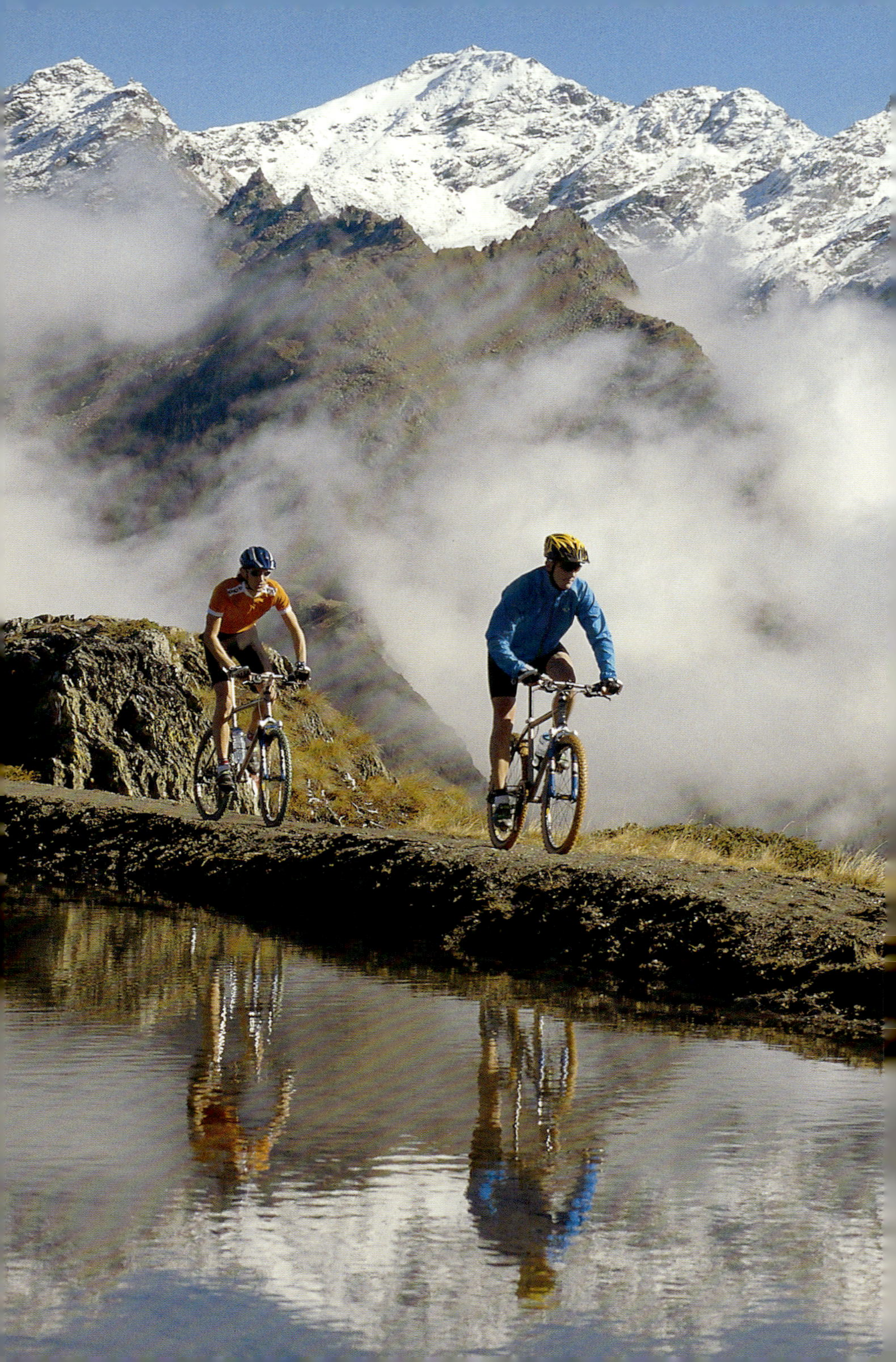

Verbier
Immer ein bisschen verrückter

Unterkunft Im Le Stop, einer in eine Herberge umfunktionierten Zivilschutzanlage in Le Châble an der Talstation der Bergbahnen Verbier. Für Budgetbewusste. Alternative: Hotel La Rotonde, ein gemütliches Hotel im Zentrum von Verbier.
Anreise Mit der Bahn bis Martigny, von dort mit Postauto nach Verbier.
Verpflegung Internationale Fusion-Küche im Restaurant Millenium, Hotel Rotonde, Walliser Küche im Restaurant Vieux Verbier (Spezialität: Potence, «Galgen», an einer Art Morgenstern am Tisch gegrilltes und flambiertes Fleisch). Fondue, Raclette und andere Walliser Spezialitäten im Bergrestaurant Marmotte oberhalb von Verbier.
Ankunft Einchecken und relaxen.

1. Tag Aufstieg mit dem Mountain-Bike nach Les Ruinettes (2200 Meter über Meer, zirka 1 Stunde), anschliessend Talfahrt über La Chaux–Les Clérondes–Sarreyer nach Lourtier Aufstieg über Fionnay, Bonnatchiesse bis Mauvoisin (zirka 2 Stunden) am Fusse der höchsten Staumauer der Schweiz. Mittagessen im traditionsreichen Hotel Mauvoisin (1850 Meter über Meer).
Nachmittags Talfahrt nach Le Châble und mit der Seilbahn zurück nach Verbier. Relax im Freibad des Sportzentrums von Verbier (Innen- und Aussenbecken, Whirlpools, Sauna, Dampfbad).
Langschläfer Gleiches Programm, jedoch mit Seilbahn von Verbier nach Ruinettes und mit Postauto von Lourtier nach Mauvoisin.
Schlechtwetter Sportzentrum Verbier: Hallenbad mit Sauna, Dampfbad. Kunsteisbahn mit Curlingpisten. Museum Espace Alpin im Kulturzentrum Le Hameau.

2. Tag Golfplausch auf dem 18-Loch-Approachgolf Les Moulins (Par 54) im Zentrum von Verbier. Keine Platzreife erforderlich. Material kann vor Ort gemietet werden.
Langschläfer kürzere Variante des Golfplauschs (siehe oben).
Schlechtwetter Frühe Abreise und Besuch der Fondation Pierre Giannada in Martigny.

Das Eldorado der Downhiller

Wie ein kubistisches Kunstwerk «in progress» präsentiert sich der Berghang gegenüber: Er ist über und über bedeckt, mit verschieden farbigen Gleitschirmen. Und immer mal wieder hebt einer ab, hinterlässt ein grünes Loch, bevor der nächste es wieder füllt – mit einer anderen Farbe. Der Gleitschirmsport geniesst in Verbier grossen Stellenwert. Regelmässig werden Wettkämpfe ausgetragen, bei denen es um die Platzierung im Weltklassement geht. Wichtiger ist im Sommer eigentlich nur das Biken – vor allem das Downhill-Fahren. Verbier und seine Umgebung gelten bei der internationalen Bikerszene als das Eldorado schlechthin. Warum dies so ist, lässt sich nur mit dem Image des Ferienorts erklären. Denn attraktive Trails und Bergbahnen, die einen samt Fahrrad den Berg hochbringen, bieten andere Regionen auch. Verbier aber ist ein trendiges Reiseziel mit einem jungen Publikum, das immer ein bisschen verrückter ist als anderswo. Wer also den steilsten oder den längsten Downhill machen will, geht nach Verbier. Hier findet er seinesgleichen, Leute, die mitmachen, egal, wie verrückt der Plan ist. «Die Pisten von Verbier sind schnell – sehr schnell», schwärmt ein Leser des Bikemagazins seinen Mitlesern vor, «du kommst schnell einmal auf 70 Kilometer pro Stunde, in den Rennen sind es sogar 80 bis 85!» Rund um Verbier gibt es Bikerrouten, die zwischen

Seite 154: Biken in der Bergwelt: Die Trails und Pisten von Verbier gehören international zu den beliebtesten.
Unten: Zwei Stunden Abfahrt: Der Traum jedes Downhillers.

schneebedeckten Dreitausendern und dem Walliser Talboden auf 400 Meter zwei Stunden Abfahrt bieten. Die Schweizer Downhill-Meisterschaft findet regelmässig hier statt. Der Grand Raid Cristalp, der Mountain-Bike-Marathon der Schweiz, startet in Verbier, und die Tour de Suisse führt ebenfalls regelmässig hier durch.

Wer es den Trendsportlern gleichtun will, sollte auch wie sie wohnen. Eigentlich müsste es also The Bunker selber sein oder, wie er in der Werbung genannt wird: die erste atomsichere Herberge der Welt – der Armeebunker unter dem Sportzentrum. Ein findiger Kopf verwandelte ihn 1999 in das originellste Budgethotel weit und breit, weil es im teuren Verbier bis dahin keine günstigen Unterkünfte gab. Doch als der Betreiber das Management anderen übergeben wollte, beschloss die Gemeinde 2009 sehr zum Ärger aller, den Bunker zu schliessen und dem Budgettourismus in Verbier so einen Riegel zu schieben. Zum Glück hatte der Erfinder aber inzwischen Nachahmer in nächster Umgebung gefunden: In Le Châble an der Talstation der Bergbahn bietet eine ehemalige Zivilschutzanlage günstige und erst noch heimelige Zimmer: Die gesamte Anlage wurde mit Holz ausgekleidet, sieben Zimmer für zwei bis 16 Personen bieten viel Platz zu einem Preis wie in der Jugendherberge – und dies nur zwei Minuten vom Bahnhof und der Gondelbahn entfernt.

Wer ein konventionelles Hotel vorzieht, ist im Rotonde, das im Zentrum von Verbier liegt, zu moderaten Dreisternepreisen gut untergebracht: im «Millenium», einem von zwei hoteleigenen Restaurants, wird originelle Fusion-Küche geboten. Wo immer man sich einquartiert – es lohnt sich, vor Mitternacht schlafen zu gehen.

Für Weekendfahrer und Extremsportler

Das Programm vom nächsten Tag verlangt Neulingen einiges ab. Zunächst gilt es, die Höhe von Ruinettes zu bewältigen. Der Weg geht bergauf, immer nur so steil, dass man gerade noch glaubt, im Sattel sitzen bleiben zu können. Doch dann schaffen es die untrainierten Waden eben doch nicht, und so stösst man das Velo und heimst dafür spöttische Blicke von lässig überholenden Fahrern ein. Von Ruinettes geht es dann bergab über die Weiler La Chaux und Les Clérondes nach Sarreyer. Hier ist ein Zwischenhalt angesagt – nicht nur der verkrampften Hand an der Hinterradbremse wegen. Sarreyer ist, wie wenn man durch ein Kalenderblatt des ursprünglichen Wallis fahren würde: Wunderschöne Walliser Holzschober säumen den Weg. Am Hauptplatz drängt sich eine Rast auf im Café Mont-Fort, das in einem wuchtigen Steinhaus untergebracht ist, bevor es weiter ins Tal Richtung Lourtier geht.

Normale Weekendsportler würden hier nun umkehren im guten Gefühl, mit der Fahrt ins Val de Bagne etwas geleistet zu haben. Nicht so die Verbier-Biker, die nehmen gleich den nächsten Anstieg in Angriff. In zwei Stunden gehts talaufwärts über Fionnay und Bonnatchiesse bis Mauvoisin. Erst wenn sie am Fuss der höchsten Staumauer der Schweiz stehen, haben sie sich das Mittagessen verdient. Ein wunderschönes Gasthaus mit Walliser Spezialitäten belohnt die Sportler. Ein Assiette Bagnard und eine Croûte au fromage Mauvoisin muss es mindestens sein, zum Dessert empfiehlt sich die Tarte Maison.

Ganz von alleine rollen die Räder dann Richtung Tal, an Lourtier vorbei bis nach Le Châble. Dort nimmt die Seilbahn Mensch und Bike auf und bringt sie schwebend nach Verbier zurück. Im Freibad des Sportzentrums kann man dann seine Sportlerglieder ausruhen, im Whirlpool die Waden massieren lassen oder sich von Sauna oder Dampfbad einmal ohne Anstrengung ins Schwitzen bringen lassen.

Der Himmel über Verbier: Mekka für Gleitschirmpiloten. Seite 159: Wasserfall von Fionnay.

Blasen gibt es so oder so

Manch einen packts nun so richtig, und er oder sie kann gar nicht anders, als am Tag darauf nach einem noch anspruchsvolleren Trail Ausschau zu halten. Wer gut über sich selber lachen kann, sollte es dagegen einmal mit einem Golftag versuchen. Der 18-Loch-Approach-Golfplatz Les Moulins im Zentrum von Verbier birgt Riesenspass sowohl für Golf-Greenhorns als auch für Spieler mit tiefem Handicap. Platzreife ist nicht erforderlich, und die nötige Ausrüstung kann vor Ort gemietet werden. Doch Anfänger seien gewarnt: Die Haltung der Hände am Golfschläger ist noch unnatürlicher als der Klammergriff für die stete Bremsbereitschaft beim Downhill-Biken – vor Muskelkater und Blasen an Daumen bleibt man also so oder so nicht verschont.

Was wo wie viel

Unterkunft Le Stop, Villa des Dames, Le Châble, Tel. 079 549 72 23, info@le-stop.ch, 34 CHF pro Person und Nacht, Frühstück 11 CHF, www.le-stop.ch

Alternative: Hotel La Rotonde, Verbier. Tel. 027 771 65 25. rotonde@verbier.ch Doppelzimmer ab 180 CHF. www.hotelrotonde.com

Anreise Mit der Bahn über Martigny, Sembrancher bis Le Châble, von dort mit Postauto nach Verbier. Mit dem Auto: Autobahn bis Martigny, dann Richtung Grosser St. Bernhard (Italien) bis Sembrancher, im Dorfkern bei Ampel Abzweigung Richtung Verbier.

Restaurants Vieux Verbier, Gare de Médran, Tel. 029 771 16 68, vieux.verbier@verbier.ch

Millenium im Hotel Rotonde (siehe Unterkunft)

La Marmotte, Les Planards, Verbier, Tel. 027 771 68 34. lamarmotte@bluewin.ch www.lamarmotte-verbier.com

de Mauvoisin, Mauvoisin, Tel. 027 778 11 30, info@mauvoisin.ch. www.mauvoisin.ch

Bikes Medran-Sports, Verbier, Tel. 027 771 60 48.

Museum Fondation Pierre Gianadda, Rue du Forum 59, Martigny. Tel. 027 722 39 78. Öffnungszeiten: täglich 9–19 Uhr. Eintritt 20 CHF. www.gianadda.ch

Allgemeine Informationen Verbier/Bagne Tourisme, Tel. 027 775 38 88, info@verbier.ch. www.verbier.ch

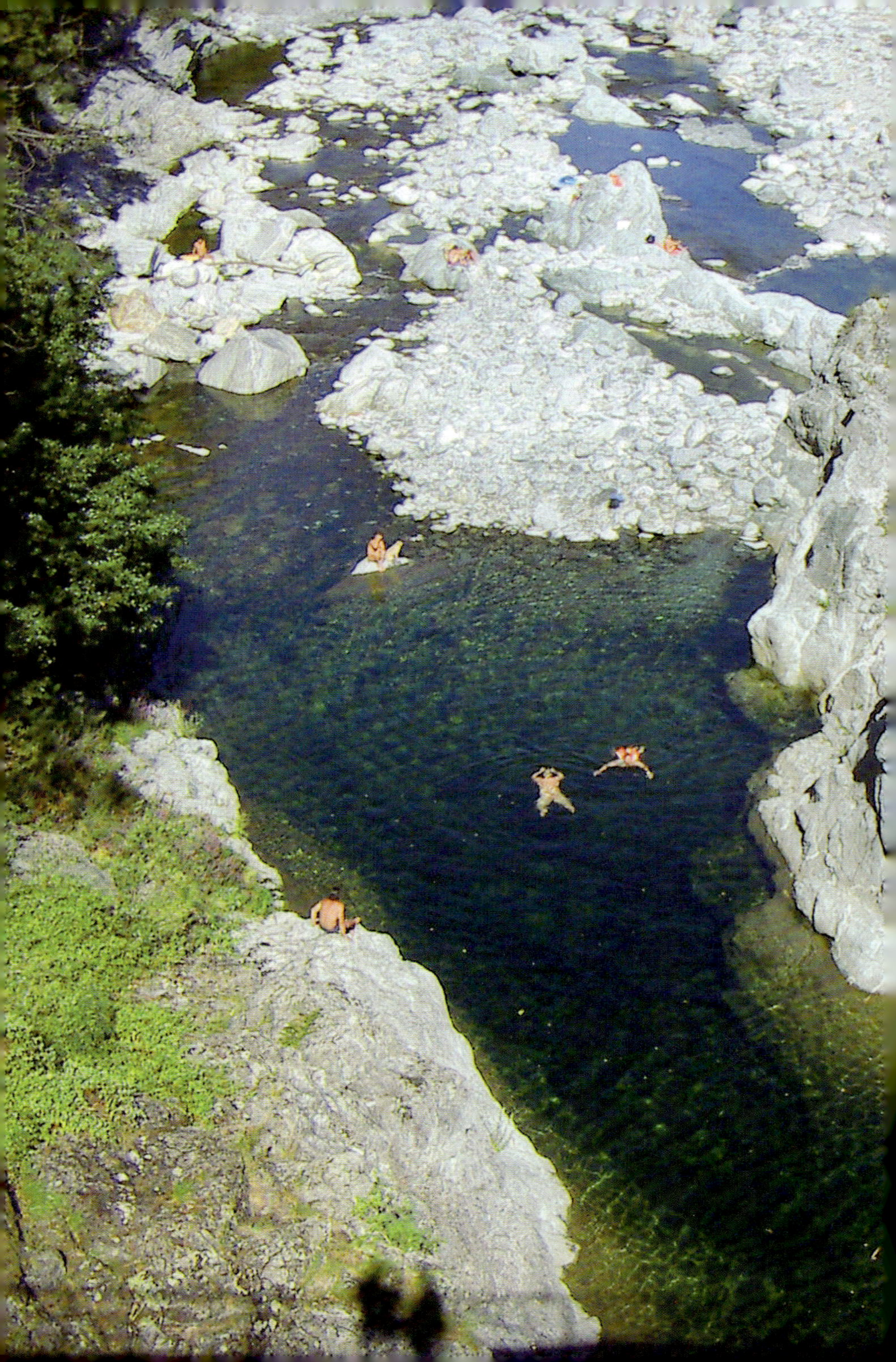

TESSIN   TIPP **19**

Centovalli
Einfach luxuriös

Unterkunft Casa Gialla in Tegna. Kleine Pension mit fünf Zimmern in alter Tessiner Villa, hervorragende Küche, persönliche Betreuung durch die Gastgeberin. Ideal gelegen für Ausflüge mit Bahn und Velo. Luxusvariante: Parkhotel Delta, Fünfsternehaus in Ascona mit gigantischer Parkanlage, Gourmet-Restaurant und kleinem Spa, grossem Kinderclub mit eigenem Pool sowie einer Beach Lounge mit Terrassenbar, Konzertbar und Restaurant am See.
Anreise Mit der SBB bis Locarno, dann Centovalli-Bahn bis Tegna. Die Station ist in nächster Nähe des Hotels. Oder mit dem Auto.
Ankunft Degustation bei Paola Orler. Abendessen.

1. Tag Im Panoramawagen der Centovallibahn nach Camedo (30 Minuten). Wanderung auf Saumpfad zurück nach Intragna (5 Stunden). Mittagessen unterwegs im Restaurant Vittoria in Lionza. Abendessen in der Locanda Barbarossa des Castello del Sole (16 Punkte Gault Millau). Anschliessend in die Delta Beach Lounge am Lido von Ascona.
Langschläfer Fahrt mit Centovallibahn bis Intragna und mit dem Velo zurück nach Tegna.
Schlechtwetter Besuch der Delta Relax Wellness-Anlage im Parkhotel Delta.

2. Tag Mit der Centovallibahn bis Verdasio, von dort mit der Gondelbahn nach Rasa und Wanderung über die Alpe die Naccio nach Ascona.
Langschläfer Spaziergang auf dem Planetenweg bis nach Locarno. Rückkehr per Bahn und Ausspannen am Fluss.
Schlechtwetter Kochkurs bei Paola Orler.

Bijou mit Bahnhof

Das bietet keines der vier Fünfsternehotels im nahen Ascona: Die Casa Gialla hat quasi ihren eigenen Bahnhof. Keine 100 Meter von der Station Tegna leuchtet sie einem entgegen: gelbe Fassade, rote Eckpfeiler, sattgrüne Fensterläden – ein Schmuckstück am linken Strassenrand. Nur wer mit dem Auto ankommt, hat hier noch eine Hürde zu meistern. Die Einfahrt auf die Wiese, die als Parkplatz dient, führt zwischen Haus- und Parzellenmauer hindurch, und die stehen so nahe, dass man selbst im Mittelklassewagen zentimetergenau zielen muss. Doch dann tritt man in die Casa Gialla ein und fühlt sich gleich zu Hause. Die Pension hat die Grösse eines Privathauses und ist auch so eingerichtet: keine Empfangstheke, kein Schlüsselbrett, selbst die Küche ist frei zugänglich. Es ist, als befände man sich im eigenen Ferienhaus.

Fünf Zimmer mit Bad stehen zur Verfügung. Alle sind individuell eingerichtet und nach Blumen benannt. Farbig bemalte Wände und altes Tessiner Mobiliar verleihen ihnen eine warme, natürliche Atmosphäre. Wer mehr Platz haben möchte, kann sich im Rustico nebenan einmieten, das über drei Zimmer auf drei Etagen verfügt. Die Gastgeberin Paola Orler ist eine Einheimische und damit in der von vielen Deutschschweizer Aus- und Umsteigern bevölkerten Region fast eine Ausnahmeer-

Seite 160: Swimming Pools ohne Chlor: Die Melezza bei Tegna bietet viele gut zugängliche Badeorte.
Unten: Hier fühlt man sich schnell zu Hause: Pension Casa Gialla in Tegna.

scheinung. In Minusio aufgewachsen, hat sie aber lange Jahre in Zürich gearbeitet und kennt die Deutschschweizer Eigenarten daher gut. Lange Zeit war die Casa Gialla ihr teures Hobby. Sie hatte die 1843 erbaute Villa zusammen mit ihrem Vater gekauft und investierte sämtliche Wochenenden und Ferien in die Renovation und den Umbau in eine Pension. Irgendwann wollte sie sich hier niederlassen – doch dann ging plötzlich alles sehr schnell. Sie nahm eine Umstrukturierung in der Bank, in der sie tätig war, zum Anlass umzusatteln. Mit Sack und Pack und dem über lange Zeit aufgebauten Weinkeller zog sie in die Casa Gialla ein und nahm im Juli 2002 den Pensionsbetrieb auf.

Wandern, kochen, degustieren
Heute freut sie sich über eine grosse Zahl von Stammgästen, die die Vorzüge der Casa Gialla zu schätzen wissen: die Atmosphäre eines privaten Herrschaftshauses, der gut bestückte Weinkeller und die hervorragende Küche. Die Gastgeberin ist eine begeisterte Köchin, und wenn die Gäste es wünschen, zaubert sie feine Tessiner Spezialitäten aus natürlichen, meist biologischen Produkten auf den Tisch der gemütlichen Kaminstube.

Zusammen mit drei Kolleginnen aus der Umgebung führt Paola Orler in regelmässigen Abständen Wanderkochferien durch. Tagsüber wandert

Ideal für Ausflüge und Wanderungen: Die Centovallibahn nach Locarno und Domodossola hält vor dem Haus.

Wiederentdeckt: Kastanien sind die Basis vieler Tessiner Spezialitäten.

man durch die reizvolle Landschaft und sammelt Wildkräuter unter Anleitung der bekannten Köchin Meret Bissegger («La cucina naturale»). Abends lässt man sich mit den gesammelten Köstlichkeiten bekochen, geniesst die Weinkultur und logiert in der Casa Gialla oder in den Pensionen von Paolas Kolleginnen, dem Palazzo Gamboni in Comologno oder der Cà Serafaina in Lodano. Es gibt keinen besseren Einstieg in ein Tessiner Wochenende: ankommen, im Gewölbekeller ein paar Weine degustieren und sich dann bei einem hervorragenden Essen von Paola Orler entspannen.

Bahnfahren – spannender als Bungeejumping

Die Umgebung indes ruft nach Bewegung. Es muss ja nicht der Bungee-Jump vom Verzasca-Staudamm aus sein, der dank seiner Verewigung im James-Bond-Film «Golden Eye» heisst. Aber eine Fahrt mit der Centovallibahn drängt sich auf. 348 Kurven, 83 Brücken und 31 Tunnels weist die 55 Kilometer lange Strecke von Locarno nach Domodossola auf. Es darf aber auch etwas weniger sein: Zum Beispiel eine Fahrt nach Camedo an der italienischen Grenze, und von dort auf einem Saumpfad zu Fuss nach Intragna zurück. Zunächst geht es auf der Landstrasse über Borgnone nach Lionza, wo sich im Ristorante Vittoria ein Mittagshalt anbietet. Von da führt der gut markierte Saumpfad sanft auf- und absteigend über dem Tal nach Verdasio und weiter bis nach Intragna. Das Tal der hundert Täler präsentiert sich auf dieser Wanderung in seiner ganzen Schönheit. Die Kastanienwälder bieten angenehmen Schatten, und die vielen Bergbäche bilden wildromantische Bassins und Becken, die sich für einen abkühlenden Taucher anbieten. Wem es zu anstrengend wird, der kann jeweils auf der Höhe der Bahnstationen ins Tal absteigen und zurückfahren.

Langschläfer spazieren auf dem Planetenweg von Tegna nach Locarno. Der sechs Kilometer lange, bequeme Pfad der Melezza und der Maggia entlang bildet das Sonnensystem in einem Massstab von 1:1 000 000 000 ab. Ein Millimeter ist also 1000 Kilometer. In entsprechenden Abständen informieren Modelle und Tafeln über die Planeten.

Naturwannen und Gipfelerlebnisse

Rund 40 Minuten von der Casa Gialla entfernt liegt in der Nähe des Golfplatzes von Losone die Weinkellerei Delea. Sie gilt als eine der innovativsten und führt seit kurzem auch Olivenöl von eigenen Oliven im Sortiment. Degustationen sind am Wochenende allerdings nur zwischen acht und zwölf möglich, es sei denn, man meldet sich als Gruppe an.

Die Bahnfahrt durch das Centovalli lässt sich mit einer Velotour kombinieren: mit der Bahn bis nach Camedo, dem letzten Dorf auf Schweizer Seite, mit dem Velo zurück nach Tegna. Das erfordert allerdings eine Einwegmiete von Velos, denn die Centovallibahn transportiert keine Räder. Ausserdem geht es Richtung Tegna zwar immer bergab, doch der Ausflugsverkehr ist nicht zu unterschätzen. Wers bequem mag, sucht sich deshalb gleich einen Platz am Fluss, um zu baden und zu faulenzen. Die sandigen Badewannen in der Maggia sind beliebt und daher an Wochenenden meist hoffnungslos übervölkert. In der Melezza aber, dem Hauptfluss des Centovalli, gibt es ebenso schöne Badeplätze. Paola Orler kennt sie alle und weiss auch zu beschreiben, wie sie zu finden sind.

Das Centovalli bietet zudem einzigartige Gipfelerlebnisse. Eine sehr schöne, aber etwas anspruchs-

Von Hand gebaut und immer noch stabil: Typische Tessiner Brücke über die Melezza bei Intragna.

Das Haupttal der hundert Täler:
Blick von Costa auf Intragna und die Melezza, links davon Tegna.

volle Tour ist die Wanderung über den Bergrücken, der das Centovalli gegen den Lago Maggiore abgrenzt. Die Centovallibahn bringt einen bis nach Verdasio, die Seilbahn von dort nach Rasa, dem auto- und strassenfreien Dorf, das hoch über dem Tal auf einer Sonnenterrasse liegt. Von hier geht es in zwei Stunden steil bergan bis zur Alpe di Naccio auf dem Bergrücken und dann, nach einer längeren Gratwanderung, hinunter nach Ascona. Vor allem der Abstieg bietet einen wunderbaren Rundblick über den Lago Maggiore. Für Verpflegung muss man allerdings selber besorgt sein, denn auf der Alpe die Naccio, die sich bestens für die Mittagsrast eignet, gibts kein Restaurant.

Unbedingt probieren: Reis aus dem Maggiadelta

Umso einfacher ist es dann, sich abends ein Nachtessen im Nobelrestaurant zu erlauben. In Ascona werben vier Fünfsternehäuser um die Gunst der Gäste, und alle haben hoch dotierte und sündhaft teure Gourmettempel. Sündhaft gut und nicht allzu teuer ist das Tessiner Risotto von Küchenchef Othmar Schlegel, der seit bald zwanzig Jahren im Castello del Sole waltet und dessen Kreationen den Testern von Gault Millau 17 Punkte wert sind. Die Locanda Barbarossa und der Cortile Leone bieten die ideale Tessiner Atmosphäre zu diesem Gericht. Öl, Zwiebeln, frische Pilze, getrocknete Steinpilze, Weisswein, Geflügelbouillon, Butter und geriebener

Parmesan verarbeitet der Chef laut Rezept mit Risottoreis der Sorte Loto in vierzig Minuten zu einem delikaten, leicht fliessenden Mahl. Ob es zu Hause mit dem Rezept ebenso gelingen würde, wagen die meisten Gäste zu bezweifeln. Doch immerhin liefert das Hotel nicht nur das Rezept, sondern verkauft auch gleich noch den richtigen Reis dazu: Er wird auf den Terreni alla Maggia angepflanzt, die weite Teile des Maggiadeltas einnehmen und wie das Hotel im Besitz von Anda Bührle sind. Während des Zweiten Weltkriegs wurde das Delta gerodet und in Landwirtschaftsfläche verwandelt. Mitte der Neunzigerjahre, als die Preise für Mais und Getreide einbrachen, entschloss man sich, hier Reis anzubauen. Seit 1997 ergänzt der «Riso Nostrano Ticinese» die Produktepalette der Terreni. Die Reisfelder sind nicht nur die einzigen in der Schweiz, sondern auch die nördlichsten der Welt: Sie liegen leicht über dem 46. Breitengrad und damit nördlicher als die nördlichste Insel Japans.

Der verführerische Hauch des Luxus

Wegen seiner hohen Dichte an Luxustempeln wird Ascona manchmal das Saint Tropez des Lago Maggiore genannt. Das ist ziemlich übertrieben. Wer durch die Gässchen des Städtchens bummelt, findet vor allem Souvenirläden und Boutiquen, die sich an die vermögende Dame ohne Alter richten. Aber ein bisschen schickes Nachtleben gibts tatsächlich. Vom Castello del

Beach Lounge statt Gartenlaube: Treffpunkt der Nachtschwärmer ist die Musikbar Delta Beach Lounge am Lido von Ascona.

Sole sind es nur wenige Gehminuten zum pompösen Albergo Giardino, wo man lange Zeit gesehen werden musste, um in der Deutschschweizer Schickeria etwas zu gelten. Die Drinks von Barkeeper Edi Castelletti sind über die Landesgrenzen hinaus berühmt und preisgekrönt.

Direkt am See liegt die noble Bar des Eden Roc, das seit mehreren Jahren in den Schweizer Luxushotelhitparaden ganz oben steht. Unterhaltsamer aber ist die Delta Beach Lounge im ehemaligen Kursaal neben dem Asconeser Lido. Es ist eine Mischung aus Restaurant, Bar und Musiklokal und bildet seit zwei Jahren den Seeanstoss des Parkhotels Delta, des vierten Fünfsternehauses in Ascona, das landeinwärts in der Maggiaebene liegt. Das im Bauhausstil in den Dreissigerjahren erbaute Gebäude wurde komplett renoviert und verströmt mit seinem ultramodernen Interieur kühle Eleganz. An warmen Sommerabenden aber gibt es keinen besseren Ort als die Terrasse des Delta, um den Ausgang zu beschliessen. Zurück in Tegna zieht es einen dann in die Gartenlaube, und man gönnt sich nach dem letzten Glas Wein am See noch ein allerletztes hier, streckt die Beine und sinnt darüber nach, wo der Wein nun besser schmeckt. Einfach luxuriös!

Fünfsternedorf am Lago Maggiore: Wer luxuriöse Hotels liebt, kommt in Ascona auf die Rechnung.
Seite 169: Wanderweg im Centovalli.

Was wo wie viel

Unterkunft Casa Gialla, via Cantonale Tegna, Tel. 091 780 74 04, info@casa-gialla.ch Doppelzimmer ab 150 CHF, Einzelzimmer ab 95 CHF. www.casa-gialla.ch

Luxusvariante: Parkhotel Delta, via Delta 137–141, Ascona, Tel. 091 785 77 85, info@parkhoteldelta.ch Doppelzimmer ab 540 CHF mit Halbpension, www.parkhoteldelta.ch

Anreise Mit der SBB bis Locarno, dort umsteigen auf Centovallibahn und weiter bis Tegna. Die Station befindet sich knapp 100 Meter von der Casa Gialla entfernt. Mit dem Auto: Autobahn A1 bis Bellinzona, Ausfahrt Richtung Locarno, nach Locarno Richtung Centovalli/Domodossola. Die Casa Gialla steht im Zentrum von Tegna gut sichtbar auf der linken Strassenseite.

Restaurant & Bar Locanda Barbarossa des Castello del Sole, Ascona, Tel. 091 791 02 02. Küchenchef Othmar Schlegel. www.castellodelsole.ch

Delta Beach Lounge am Lido von Ascona, Tel. 091 791 40 60. www.deltabeach.ch

Wandern Centovallibahn, Tel. 091 751 87 31. Fahrpläne und Routen: www.centovalli.ch

Wellness Parkhotel Delta, Ascona, Tel. 091 791 40 60, breites Angebot an Gesichts- und Körpertreatments im Delta Relax. www.parkhoteldelta.ch

Besichtigung Weinkellerei Delea, Losone, Tel. 091 791 08 17. Degustationen: Montag–Freitag 8–12 und 14–18 Uhr, Samstag 8.30–15.30 Uhr www.delea.ch

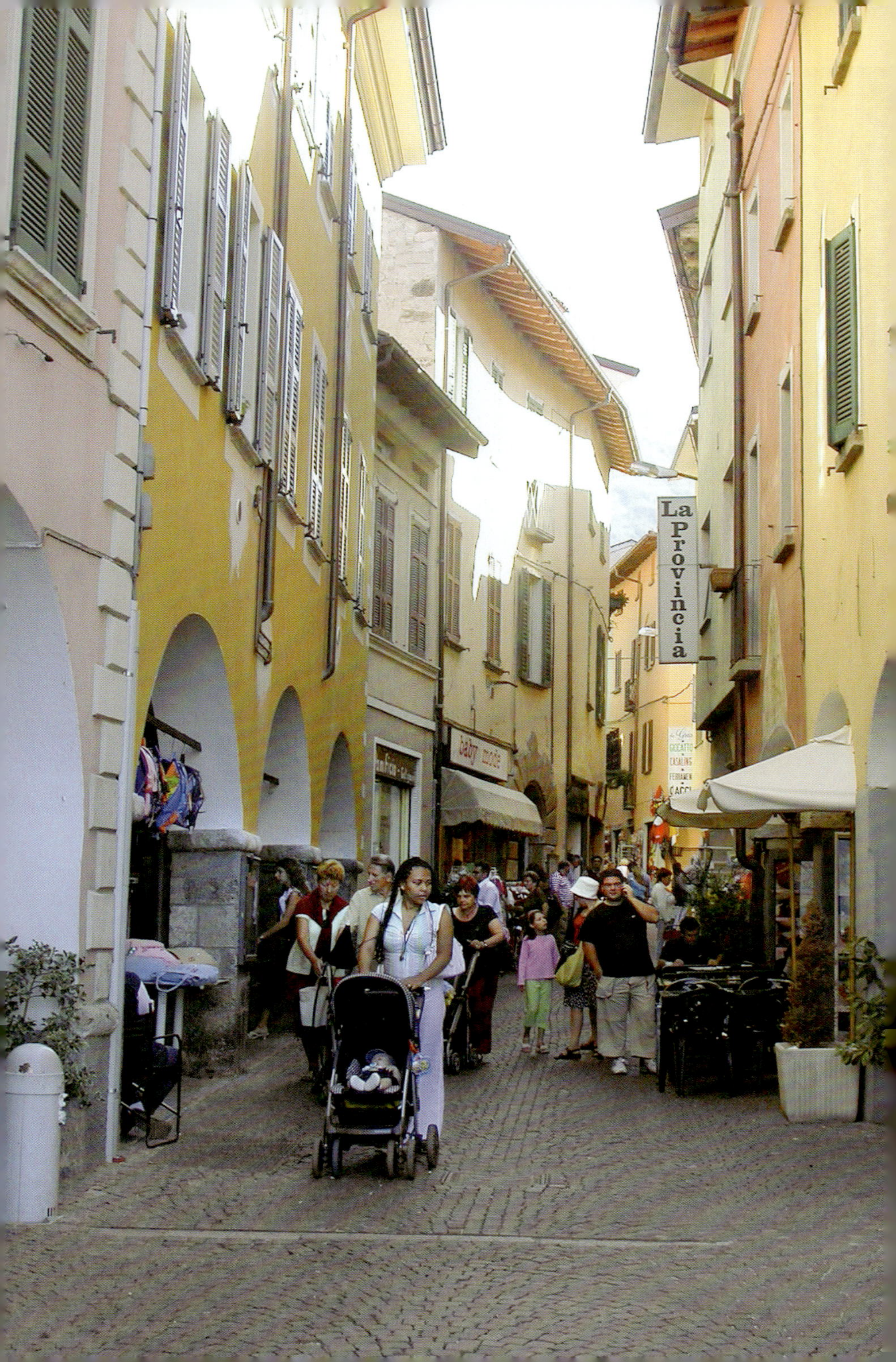
La Provincia

Luganersee
Erholsame Grenzerfahrungen

Unterkunft Hotel Parco San Marco in Cima di Porlezza am südlichsten Zipfel des Luganersees. Viersterne-Ferienanlage direkt am See mit eigenem Strand, Booten und mehreren Schwimmbecken. Zwei Restaurants, Sauna, Hallenbad und Wellnessbereich, Kinderclub und Ruhebereiche nur für Erwachsene. 112 Zimmer, Suiten und Appartements, die meisten mit Küche und Esstisch.
Anreise Mit der Bahn bis Lugano, Bus bis Cima di Porlezza. Auf Wunsch Abholservice ab Bahnhof Lugano. Oder mit dem Auto.
Ankunft Hotelrundgang. Nachtessen im Gourmetrestaurant Grottino (Reservation an der Reception).

1. Tag Markt in Porlezza und Wanderung um den Lago Piano. Mittagessen in Bene Lario oder Lunchpaket.
Langschläfer Mit der Fähre nach Bellagio (alle 30 Minuten bis 23 Uhr).
Schlechtwetter Fahrt dem Comersee entlang nach Mendrisio in die Fox Town. Rückfahrt über Lugano. Nachtessen in Cima di Porlezza im Ristorante San Marco oder Il Ritrovo.

2. Tag Wanderung zum Refugio Menaggio und weiter auf den Monte Grona. Picknick.
Langschläfer Schifffahrt auf dem Luganersee mit Uferwanderung von San Rocco zum Zollmuseum Cantine di Gandria, von dort mit dem Schiff zurück nach Lugano.
Schlechtwetter Verwöhntag im Wellnessbereich des Parco San Marco.

Nicht mehr Schweiz und noch nicht Italien

Der See ist schmal hier, der Bergkamm hoch. Anstelle einer silbernen Bahn wirft der Mond, wenn er über die Kuppen steigt, Glitter auf die Wasserfläche, der auf den Wellen tanzt wie die Funken eines nicht endenden Feuerwerks. Der gegenüberliegende Uferabschnitt ist unbewohnt und dunkel, nur am Ende des Sees blinken die Lichter von Porlezza, dem ersten italienischen Städtchen hinter Gandria.

Das Parco San Marco liegt im Zwischenraum. Nicht mehr in der Schweiz, aber auch noch nicht ganz in Italien, noch am Luganersee, aber bereits im Eurobereich. So fühlt man sich in der Ferienanlage ein bisschen wie auf einem Kreuzfahrtschiff zwischen zwei Häfen. Nur ist man hier selber Kapitän, kann jederzeit wählen, wohin man fahren will: nach Lugano, um in der eleganten Via Nassa zu shoppen, oder nach Porlezza auf den Markt, nach Cantine di Gandria am anderen Seeufer oder mit der Fähre über den Comersee nach Bellagio.

Seite 170: Und plötzlich diese Italianità: Gasse in Porlezza.
Unten: Ein Kreuzfahrtschiff an Land: Die terrassierte Anlage des Viersternehotels Parco San Marco.

Das Hotel trägt jedoch dazu bei, dass sich die Entscheidung für die eine oder andere Variante verzögert: Zu lange dauert die Anreise und zu bequem kann man es sich hier machen. Die Viersterne-Anlage des Parco San Marco liegt in einem 30 000 Quadratmeter grossen terrassierten Gelände. Wer die ganze Anlage besichtigen will, muss für den Hotelrundgang einen halben Tag berechnen. Die Unterkünfte sind ebenso grosszügig bemessen und verfügen teilweise über Küche und Esstisch.

Ursprünglich eine Ferienresidenz mit Studios und Ferienwohnungen, wurde die Anlage 1999 mit einem Neubau mit Hotelzimmern, Reception und Restaurant erweitert und in ein Hotel umgebaut. Inzwischen gibt es auch eine Wellnessanlage mit Saunen und Sprudelbädern. Die Suiten haben anstelle von Küchen Designermöbel erhalten. Und wer es ganz exklusiv mag, kann sich die Villa Olivo buchen, ein 200-jähriges Rustico, das im obersten Bereich der Hotelanlage hoch über allen Appartements und Zimmern liegt und einen herrlichen Panoramablick bietet. Es ist unter anderem mit einem Jacuzzi und sinnigerweise mit einer Design-Küche ausgestattet. Was nicht heisst, dass man sich sein Gourmetdinner selber zubereiten muss: Das saisonal geöffnete Grotto in einem ebenfalls 200-jährigen Gewölbekeller beispielsweise lockt mit italienischen Spezialitäten in besonderem Ambiente. Es lohnt sich jedoch, frühzeitig einen Tisch zu reservieren: Auch nach der letzten Erweiterung übersteigt die Anzahl Betten in der Anlage – 450 in 111 Wohneinheiten – die Kapazität der Restaurants beträchtlich.

Auf Schnäppchenjagd: Wer auf dem Markt von Porlezza nichts findet, probierts im Fabrikladen in Mendrisio.

Mercato in Porlezza, Shopping in Fox Town

Am Samstag ist in Porlezza Markt. Keiner wie in Luino, wo Dutzende von Touristenbussen von weither anreisen und bereits die Parkgebühr einen markanten Budgetposten ausmacht. Zwar wird auch Porlezza an Markttagen jeweils vom Verkehr überschwemmt, aber in den schmalen Seitenstrassen gibt es genügend Parkmöglichkeiten. Schon bald spaziert man gemütlich zwischen den Ständen hindurch und begutachtet Schirme und Jeans, Fussballleibchen und Billigstausführungen von Sportschuhen. In den Gassen des kleinen lombardischen Städtchens gibt es ebenfalls einige

Einkaufsmöglichkeiten, genug für einen kurzen Bummel nach einem Halt in der Pasticceria.

Wer Lust auf die grosse Shoppingtour hat, muss nach Como oder nach Lugano fahren – oder ins Fox Town, das grosse Einkaufscenter in Mendrisio, das Dutzende so genannter Fabrikläden umfasst und vornehmlich von Touristen aus Mailand frequentiert wird. Über hundert Anbieter verkaufen Markenartikel der diesjährigen und der letztjährigen Saison zu stark reduzierten Preisen. Der Ausdruck «Fabrikladen» ist allerdings irreführend: Vor allem Edelmarken wie Gucci oder Yves Saint Laurent betreiben hier Hochglanzboutiquen, die dem Chic derer in der Milaneser Innenstadt in nichts nachstehen. Der Preisnachlass beträgt meist dreissig, in seltenen Fällen auch bis siebzig Prozent. Fündig werden hier alle, ob sie nun ganz bestimmte Nike-Sneakers schon vor dem Saisonschlussverkauf mit Rabatt kaufen möchten oder ob man von einem Schnäppchen in höheren Preislagen träumt. Klar ist: Je höher der Preis, desto mehr Geld lässt sich sparen.

Die Perle am Comersee

Wer sich für Fox Town entscheidet, sollte unbedingt auf dem Hin- oder auf dem Rückweg die Uferstrasse dem Comersee entlang fahren. Zwar können Busse hier nicht kreuzen, und an den schmalsten Stellen in Lenno, Argegno und anderen Ortschaften gibts oft Autokolonnen und diffizile Rückfahrmanöver sind zu meistern. Doch der Blick auf die italienischen Palazzi, die den Weg säumen,

Endstation Sehnsucht: Eine Fähre führt nach Bellagio, der Oase der Schönen und Reichen am Comersee.

und die Aussicht über den See nach Bellagio lohnen die Mühe. Das vom dunklen Grün des Waldes eingerahmte Städtchen leuchtet mit seinen gelben Fassaden und roten Dächern herüber und lockt auch Leute zu einem Abstecher, die es bereits kennen und sogar schon in der berühmten Villa Serbelloni logiert haben. Worin der besondere Zauber dieser Sommerfrische liegt, lässt sich schwer sagen. Die Gassen sind nicht steiler und schmaler als anderswo, die Verkäufer in den Geschäften nicht freundlicher und der Service im Restaurant nicht schneller. Es muss an der Lage liegen. Abgeschieden auf dem äussersten Zipfel einer Landzunge, am Ende der Strasse und weit weg vom lärmenden Alltag: Die Sehnsucht nach einem solchen Idyll kann man bei einem Eis auf der Terrasse der Villa Serbelloni mit den Reichen und Schönen dieser Welt teilen. Hier logierten bereits Franklin D. Roosevelt und Clark Gable, Al Pacino und der russische Fürst Gagarin. Besitzer und Direktor des Hotels, Gianfranco Bucher, stammt übrigens aus der Hotelierdynastie Bucher, der die Welt unter anderem das Bürgenstock-Hotel, das Hassler in Rom und das Waldorf Astoria in New York verdankt.

Hier lebt der Glanz vergangener Zeiten: Die Villa Serbelloni ist das schönste Luxushotel der Region.

Schön wie sein Name: Lago Piano

Es gibt aber auch gute Gründe für eine ausgedehnte Wanderung in dieser Region. Der Lago Piano ist einer davon. Zwischen Luganer- und Comersee gelegen, bildet er eine Oase der Ruhe neben den beiden stark genutzten Gewässern. Zwei Campingplätze stossen in Piano Porlezza ans Ufer, ein altersschwaches Floss liegt davor. Ansonsten bevölkern nur Enten und Vögel die Umgebung. Der Lago Piano liegt in einem Naturreservat, das am Nordwestufer sogar eine «Casa della Riserva» mit Museum und geführten Touren sowie einen Boots- und Veloverleih umfasst. Eine leichte Wanderung von vier Stunden führt rund um den See, etwas in die Höhe nach Bene Lario am Fuss des Monte Galbiga sowie nach Castel San Pietro am gegenüberliegenden Berghang. Zwischen den beiden Campingplätzen führt der Weg zunächst ein Stück weit der alten Bahnlinie entlang bis zum Flussbett des Binadone, bevor er sanft gegen Bene Lario ansteigt. Von diesem alten Städtchen bietet sich ein prächtiger Blick über das Naturreservat zum

Luganersee hinüber, der hier Lago Ceresio genannt wird. Ruinen von Mühlen und Waschhäusern säumen den Weg zurück zum See. Hinter einem weiteren Campingplatz überquert man den fadengeraden Canale Lagadone, der die beiden Seen verbindet. Eine Schotterstrasse führt nach Castel San Pietro, ein Ort mit noch älteren Ruinen als rund um Bene Lario – Stadtmauern und Türme zeugen von längst vergangener Grösse. Das letzte Wegstück führt direkt dem See entlang, an weissen Wasserlilien vorbei zurück zum altersschwachen Floss – ein herrlich unspektakulärer Spaziergang mit um so grösserem Erholungswert.

Wanderer mit mehr Leistungsdrang zieht es in die Höhe, zu den Alphütten, etwa dem Refugio Menaggio, Ausgangspunkt verschiedener Gipfelsturmrouten. Die Palette reicht vom gemütlichen Spaziergang zum Monte Grona bis zum anspruchsvollen Sasso Rosso oberhalb des Rifugio, einem beliebten Trainingsort von Freeclimbern. Das Refugio liegt auf 1400 Meter und ist von Plesio aus in knapp zwei Stunden zu erreichen, von da aus führen ein einfacher Pfad, ein steiles Couloir und ein Panoramaweg, der im letzten Abschnitt mit Seilen gesichert ist, auf den 1700 Meter hohen Monte Grona.

Spielplatz, Meditationsplattform oder Strandbar?

Das Wochenende wäre nicht komplett ohne ausgiebiges Auskosten der Hotelanlage. Kaum wo wird terrassiertes Gelände so konsequent genutzt wie hier: Ähnlich wie auf den Kreuzfahrtschiffen von Disney ist jede Plattform einer bestimmten Gästegruppe zugeordnet. Hoch oben liegt die Ruhezone mit einer Meditationsplattform im Zen-Stil, weiter unten befindet sich der Spielplatz, der grosse Fun-Pool mit zweistöckiger Rutschbahn und der Kinderclub, wo Kids zwischen vier und zwölf betreut werden (auf Wunsch auch ganztags). Im Haupthaus lockt eine Wellnessanlage mit Dampfbad und Sauna, und noch weiter unten, im Freien, ist der Ruhe-Pool, der Erwachsenen vorbehalten ist. Zum Angebot gehören zudem ein Strandbad mit Bar, ein Inline-Park mit Halfpipe, eine Bocciabahn und vieles mehr. Keine Frage: Hier kommen alle Gäste auf ihre Kosten. Und dann sitzt man abends auf seinem Balkon, der Mond geht auf und wirft seinen Glitter auf das Wasser, und man gesteht sich ein: Ein Wochenende im Zwischenraum zu verbringen kann erholsamer sein als eine ganze Woche in einem der Räume daneben.

Einsam und erfrischend schön: In einem Naturreservat zwischen Luganer- und Comersee liegt der Lago Piano.

Was wo wie viel

Unterkunft Hotel Parco San Marco, Cima di Porlezza. Reservation: VIP Club & Resort Management, Lugano, Tel. 091 923 40 86, info@parco-san-marco.com. Übernachtung ab 90 € pro Person inklusive Frühstück. www.parco-san-marco.com

Anreise Mit der Bahn bis Lugano, dann mit dem Bus bis Cima di Porlezza. Oder mit dem Auto von Lugano auf der schmalen Uferstrasse bis Cima di Porlezza.

Restaurant Il Ritrovo, Località Cini', Porlezza, Tel. +39 034 472 360.

Ausflüge Fähre nach Bellagio: alle 30 Minuten ab Menaggio und Tremezzo. Letzte Fähre zurück um zirka 23 Uhr.

Villa Serbelloni, Bellagio, Tel. +39 031 950 216, inforequest@villaserbelloni.it. www.villaserbelloni.com

Fox Town, Via A. Maspoli 18, Mendrisio (direkt und unübersehbar an Autobahnausfahrt Mendrisio), Tel. 0848 828 888. Öffnungszeiten: täglich 11–19 Uhr, www.foxtown.ch

Wandern Informationen und Routen im Führer «Trekking in der Natur in der Comunità Montana Alpi Lepontine», erhältlich im Hotel.

Schifffahrt auf dem Luganersee mit Uferwanderung von San Rocco zum Zollmuseum, anschliessend per Schiff zurück nach Lugano. Fahrplan: Die Schiffe verkehren nur zweimal – 11.50 und 14.25 Uhr – nach San Rocco sowie 14.10 und 16.41 Uhr vom Zollmuseum zurück nach Lugano. Infos: www.lakelugano.ch

Museum Zollmuseum Cantine di Gandria. Öffnungszeiten Palmsonntag bis Ende Oktober: täglich 13.30–17.30 Uhr, Eintritt frei. Information: Tel. 091 923 98 43.

BILDNACHWEIS

Wo nicht anders vermerkt: Fotos Gabrielle Attinger
Umschlagbild: François Perraudin, Verbier/Bagnes Tourisme
Emanuel Ammon / AURA: 65, 68
Andreas Busslinger / AURA: 48
Stephan Engler: 136, 139
Thomas Fischer: 52
Rony Fritsche: 42, 44, 45, 47
Adrian Fritschi, Schaulager: 73
grima-informatica.ch: 16-23
Rolf Neeser: 104
Paola Orler: 160
Felix Ortlieb: 50, 56-59
Werner Rumpf: 162-166, 169
Christof Sonderegger: 141
Walter Storto: 7
Tourismus Biel Seeland: 107-108
Verbier/Bagnes Tourisme: 156, 158, 159
Waldhaus Flims: 26, 27, 30
Michael Würtenberg: 123-135
PD: 8, 13, 15, 17, 31, 34, 36, 62, 66, 67, 73, 74, 78–82, 86, 90, 96, 98, 106, 109–111, 115, 119, 122, 132, 134, 137, 138, 142–144, 146–153, 154, 167–168, 172, 175

EMPFEHLUNGEN FÜR WOHLFÜHLTRÄUME

GABRIELLE ATTINGER
SPA-HOTELS IM TREND

Das Angebot an Wohlfühloasen wird immer grösser und unübersichtlicher, die Anzahl möglicher Treatments ist immens. Mit dem Wegweiser «Spa-Hotels im Trend» geht's einfach: 50 Hotels, die sich durch einzigartige Angebote auszeichnen, werden ausführlich, sachkompetent und vergleichbar vorgestellt.

Gabrielle Attinger
Spa-Hotels im Trend
50 Wohlfühloasen in der Schweiz
und in der nahen Umgebung,
die verwöhnen, Energie spenden
und heilen

224 Seiten, broschiert
Zahlreiche farbige Abbildungen
ISBN 978-3-85932-637-8
CHF 39.90 / EUR 28.50

WERDVERLAG

buecher@werdverlag.ch, T 0848 848 404 (CH), T 07154 13 270 (D)
Besuchen Sie unsere Website: www.werdverlag.ch
(Preisänderungen vorbehalten)

WEGWEISER FÜR TRAUMFERIEN

CLAUS SCHWEIZER
FERIENWOHNUNGEN UND
FERIENHÄUSER ZUM TRÄUMEN

Dieser Führer versammelt eine Auswahl traumhafter Feriendomizile vom Bodensee bis in die Toskana, vom Engadin bis in die Provence. Sagenhafte Schlösser sind ebenso dabei wie romantische Chalets, schicke Lofts und mediterrane Landhäuser. Kleine und grosse Sehnsuchtsziele für unvergessliche Urlaubstage.

Claus Schweizer
Ferienwohnungen und Ferienhäuser zum Träumen
100 Geheimtipps
vom Chalet bis zur Loft
im Herzen Europas

192 Seiten, broschiert
Zahlreiche farbige Abbildungen
ISBN 978-3-85932-614-9
CHF 39.90 / EUR 28.50

HEISSE ADRESSEN FÜR KÜHLE GENUSSOASEN

CLAUS SCHWEIZER
SYMPATHISCHE GARTENLOKALE

Was gibt es Schöneres, als im Freien zu schlemmen? Ob romantischer Geheimtipp, bewährter Klassiker oder trendiger In-Place: Jedes der getesteten und kritisch beschriebenen Freiluft-Restaurants ist eine Perle, wo Sie das gute Gefühl erwartet, an einem besonderen Ort zu verweilen.

Claus Schweizer
Sympathische Gartenlokale
150 heisse Adressen
für den Sommer in der Schweiz

165 Seiten, broschiert
Zahlreiche farbige Abbildungen
ISBN 978-3-85932-563-0
CHF 34.90 / EUR 24.90

WERDVERLAG

buecher@werdverlag.ch, T 0848 848 404 (CH), T 07154 13 270 (D)
Besuchen Sie unsere Website: www.werdverlag.ch
(Preisänderungen vorbehalten)

TRAUMHOTELS FÜR VERANTWORTUNGSBEWUSSTE

CLAUS SCHWEIZER
«GRÜNE» HOTELS & RESORTS
Was «grün» bedeuten kann, zeigen die traumhaft schönen Hotels in diesem Buch mit lustvoller Nachhaltigkeit und engagiertem Lifestyle. Ob ein Schlösschen im Tessin, eine Safari-Lodge in Südafrika, ein Wellness-Resort in Thailand oder ein Design-Refugium in Südtirol: Verantwortungsbewusstes Reisen war noch nie so verlockend.

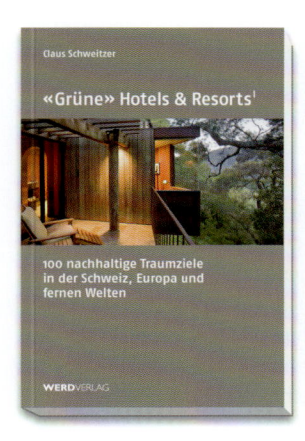

Claus Schweizer
«Grüne» Hotels & Resorts
100 nachhaltige Traumziele
in der Schweiz, Europa und
fernen Welten

192 Seiten, broschiert
Zahlreiche farbige Abbildungen
ISBN 978-3-85932-630-9
CHF 42.90 / EUR 28.–

GEHEIMTIPPS FÜR SMARTE GENIESSER

CLAUS SCHWEIZER
SMART BASICS · ENGADIN
Mit den 66 ausgewählten Top-Adressen surfen Sie auch ohne Banker-Boni souverän durch die Engadiner Berg- und Lifestyle-Welt: Entdecken Sie unkomplizierte Traumhotels, sympathische Restaurants, heiter stimmende Cafés und Bars, lohnenswerte Shopping-Adressen, reizvolle Orte zum Relaxen und einzigartige Freizeitaktivitäten zum Erleben.

Claus Schweizer
Smart Basics
Engadin
einfach clever reisen
essen · trinken · erleben · erholen

136 Seiten, broschiert
Zahlreiche farbige Abbildungen
ISBN 978-3-85932-650-7
CHF 24.90 / EUR 17.80

WERDVERLAG

buecher@werdverlag.ch, T 0848 848 404 (CH), T 07154 13 270 (D)
Besuchen Sie unsere Website: www.werdverlag.ch
(Preisänderungen vorbehalten)

ENTSPANNEN

JOCHEN IHLE
WANDERWEGE ZU BADEWELTEN
Jochen Ihle zeigt die reiche Vielfalt der Thermal- und Erlebnisbäder in der Schweiz. Schöner lässt sich Naturerlebnis, Bewegungsdrang, Badespass und Entspannung nicht mehr verbinden. Das Rundumfreizeitprogramm für Jung und Alt. Lassen Sie sich zu erlebnisreichen Wanderungen und erholsamen Aufenthalten in den Badewelten der Schweiz verführen!

Jochen Ihle
Wanderwege zu Badewelten
Erlebnis, Entspannung
und Erholung auf 22 Pfaden
zum Baden

160 Seiten, broschiert
Zahlreiche Karten und farbige Abbildungen
ISBN 978-3-85932-648-4
CHF 32.90 / EUR 23.50

GENIESSEN

LUC HAGMANN
WANDERUNGEN IM WEINLAND SCHWEIZ
Luc Hagmann führt durch zauberhafte Rebkulissen und erklärt dabei, warum hier diese Rebe wächst und dort eine andere, wo man Weine degustieren und die Produzenten kennenlernen kann. Eine gute Gelegenheit, sich mit dem Buch auf den Weg zu machen, um etwas von der Verschiedenartigkeit des Schweizer Weinlandes zu sehen, zu riechen und zu schmecken.

Luc Hagmann
**Wanderungen im
Weinland Schweiz**
Auf 25 Routen durch reizvolle
Reblandschaften

192 Seiten, broschiert
Zahlreiche Karten und farbige Abbildungen
ISBN 978-3-85932-649-1
CHF 32.90 / EUR 23.50

WERDVERLAG

buecher@werdverlag.ch, T 0848 848 404 (CH), T 07154 13 270 (D)
Besuchen Sie unsere Website: www.werdverlag.ch
(Preisänderungen vorbehalten)

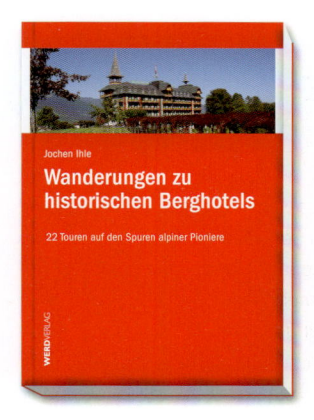

ERLEBEN

JOCHEN IHLE
WANDERUNGEN ZU
HISTORISCHEN BERGHOTELS
Berghotels mit Geschichte sind oft nur zu Fuss erreichbar. Sie liegen an einstmals bedeutenden Passrouten, thronen auf Gipfeln oder einsamen Alpen. Schon die Wege dorthin sind ein Erlebnis, und der Aufenthalt in den nostalgischen Räumen gleicht einer Zeitreise – in die Pionierzeit des Schweizer Tourismus.

Jochen Ihle
Wanderungen zu historischen Berghotels
22 Touren auf den Spuren alpiner Pioniere

160 Seiten, broschiert
Zahlreiche Karten und farbige Abbildungen
ISBN 978-3-85932-635-4
CHF 32.90 / EUR 23.50

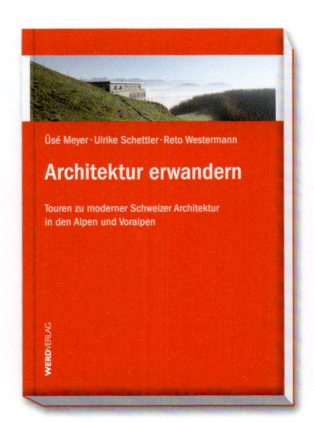

ENTDECKEN

MEYER, ÜSÉ · SCHETTLER, ULRIKE · WESTERMANN, RETO
ARCHITEKTUR ERWANDERN
16 Wanderungen zu faszinierenden, innovativen Bauwerken an einmaliger Lage: Tour- und Architekturbeschriebe, Pläne des Bauobjektes und zahlreiche Farbfotos bieten Genuss und viel Wissenswertes für Architektur- und Naturbegeisterte – eine Raumerfahrung der anderen Art!

Meyer, Üsé · Schettler, Ulrike · Westermann, Reto
Architektur erwandern
Touren zu moderner Schweizer Architektur in den Alpen und Voralpen

192 Seiten, broschiert
Zahlreiche Karten und farbige Abbildungen
ISBN 978-3-85932-605-7
CHF 29.90 / EUR 20.–

WERDVERLAG

buecher@werdverlag.ch, T 0848 848 404 (CH), T 07154 13 270 (D)
Besuchen Sie unsere Website: www.werdverlag.ch
(Preisänderungen vorbehalten)